후회하기 전에 읽는 심리학

후회하기 전에 읽는 심리학

이대로 살긴 싫은데 바꾸자니 두려운 어른들에게

후회하기 전에 읽는 심리학

초판 1쇄 발행 2026년 3월 26일

지 은 이 | 김혜령
발 행 인 | 강수진
편 집 장 | 유소연
책임편집 | 이여경
홍   보 | 이세원
마 케 팅 | 이진희
경영지원 | 강임실
디 자 인 | 어나더페이퍼
일러스트 | 오요우

주   소 | (04075) 서울시 마포구 독막로 92 공감빌딩 6층
전   화 | 마케팅 02-332-4804 편집 02-332-4809
팩   스 | 02-332-4807
이 메 일 | mavenbook@naver.com
홈페이지 | www.mavenbook.co.kr
발 행 처 | ㈜메이븐콘텐츠
출판등록 | 2024년 11월 22일 제2024-000277호

© 김혜령, 2026(저작권자와 맺은 특약에 따라 검인을 생략합니다)
ISBN 979-11-997981-0-6 (03180)

후회하기 전에 읽는 심리학

이대로 살긴 싫은데 바꾸자니 두려운 어른들에게

김혜령 지음

메이븐
MAVEN

이 책에 등장하는 내담자와 독자 사연의 인물들은 모두 가명을 사용했으며, 개인의 신원이 드러나지 않도록 일부 상황과 세부 내용은 각색하거나 재구성했습니다.

* 이 책에 등장하는 내담자와 독자 사연의 인물들은 모두 가명을 사용했으며, 개인의 신원이 드러나지 않도록 일부 상황과 세부 내용은 각색하거나 재구성했습니다.

인생에서 중요한 것들을
놓치고 싶지 않다면

앞둔 일이 버겁고 상황이 무겁게만 느껴질 때, 마음속으로 해 보는 저만의 작업이 있습니다. 당장 2주 뒤에 제 삶이 끝난다고 가정해 보거나, 아주 먼 미래로 건너가 임종을 앞둔 노인이 된 저를 떠올려 보는 것입니다. 조용히 눈을 감고 그 장면을 그리다 보면, 신기하게도 지금 움켜쥐고 있던 고민의 부피가 확연히 줄어듭니다. 제 삶 전체를 놓고 보았을 때 그렇게까지 중요하지 않은 일에 전전긍긍하고 있다는 사실을 깨닫게 되니까요. 그러면 마음이 한결 의연해져서, 지금 제가 집중해야 할 진짜 소중한 것들에 눈을 돌릴 수 있게 됩니다. 삶의 유한성을 자각하는 순간,

역설적으로 삶의 본질이 선명해지는 것입니다.

심리학을 공부하고 상담을 한 지도 어느덧 17년이 되었습니다. 저마다의 무거운 사연을 안은 내담자를 마주할 때마다, 그들의 어깨에 얹힌 무게를 조금이나마 덜 수 있다면 참 좋겠다고 생각합니다. 물론 타인인 제가 삶에 개입하여 도울 수 있는 일은 그리 크지 않을지도 모릅니다. 그럼에도 제 앞에 앉은 사람들의 간절한 눈을 가만히 들여다보고 있으면 어떻게든 최선을 다하고 싶어집니다.

웃을 땐 여전히 아이 같은 얼굴이 되는 대학생이 끝없는 우울의 늪에서 맨몸으로 견디고 있을 때, 두 아이의 엄마이자 제 또래인 여성이 두려움 때문에 뒤척이는 밤이 얼마나 긴지 털어놓을 때, 겉보기엔 남 부럽지 않은 안정된 삶을 이룬 남성이 업무 압박으로 몸이 망가져 가면서도 기어이 일에 매달릴 때, 그들의 마음속에 잠시 머물러 봅니다. 그러면 저마다 묵묵히 견디고 있는 삶의 짐이 얼마나 무거운지를 알게 됩니다.

그들은 스스로 턱없이 부족하다고 여기며 자책하지만, 저는 그런 그들을 깊이 존경합니다. 그 엄청난 무게를 견디면서도 매일 아침 눈을 뜨고 다시 삶을 향해 발걸음을 내디딘다는 사실을 알기 때문입니다. 이렇듯 사람의 가장 연약한 뒷면을 깊숙이 들여다보게 되는 이 일을 저는 사랑하지 않을 수 없습니다.

내담자들과 대화를 나누다 보면 공통된 갈망 하나를 발견합니다. 정말 잘 살아가고 싶다는 간절함입니다. 하지만 지금은 '내가 참 잘 살아가고 있구나'라는 감각을 느끼기가 무척 어려운 시대죠. 세상은 너무나 빠르고 거칠게 돌아가는 반면, 그 속을 살아가는 우리는 한없이 취약하니까요. 그래서 저는 종종 상상합니다. 제 앞에 앉은 이들의 삶이 만약 2주밖에 남지 않았다면, 혹은 먼 훗날 삶의 마지막에 서 있다면 어떨까. 그러면 자연스럽게 하나의 바람만이 남게 됩니다. 부디 무거운 짐을 내려놓고 편안해지기를, 그리하여 덜 후회하는 삶을 살아가기를 말입니다.

코넬 대학교의 심리학자 토머스 길로비치 연구팀은 사람들에게 "살면서 가장 후회하는 것이 무엇인가?"를 물었습니다. 흥미롭게도 시간의 흐름에 따라 사람들이 느끼는 후회의 결은 달랐습니다.

비교적 최근의 일에 대해서는 주로 '자신이 한 행동'을 후회했습니다. "그때 그 말을 하지 말았어야 했는데", "그런 어리석은 선택을 하지 말았어야 했는데"라며 이미 저질러 버린 실수를 자책하는 것이죠. 하지만 인생 전체를 길게 돌아보는 시점이 되면 이야기가 완전히 달라집니다. 사람들의 마음에 가장 무겁게 남은 것은 '하지 않은 행동'이었습니다. "그때 마음을 전해 볼걸", "실패하더라도 한번 도전해 볼걸" 하고 말입니다.

이 연구가 우리에게 말해 주는 진실은 분명합니다. 당장은 내가 저지른 실수와 실패가 뼈아프게 느껴지지만, 인생이라는 긴 여정의 끝에서 우리를 진짜 괴롭히는 것은 실패한 경험이 아니라 두려움 때문에 주저하며 시도조차 하지 않았다는 사실입니다.

주저하다 놓쳐 버린 일들이 훗날 가장 큰 후회가 된다는 걸 알면서도, 우리는 왜 자꾸만 진짜 원하는 삶을 내일로 유예하는 걸까요. 중요하지도 않은 일에 자신을 소진하면서 당장 행복해질 용기를 내지 못하는 이유는 무엇일까요. 사람들과 대화를 나누며 제가 알게 된 이유는 크게 두 가지였습니다. 하나는 불안이 우리의 눈을 가린다는 것, 다른 하나는 너무 많은 생각이 지금 당장 돌봐야 할 중요한 일들을 덮어 버린다는 것입니다.

우리는 두려움 때문에 스스로에게 끝없는 숙제를 내어 줍니다. "이것보다 더 잘해야 해." "사람들에게 더 인정받아야 해." "최소한 이 정도는 돼야 괜찮은 사람이지." 타인의 시선을 자신의 일상보다 더 중요하게 여기고, 머릿속에 그려 놓은 이상적인 모습에 도달할 때까지 자신을 가혹하게 몰아붙입니다. 때로는 불완전한 조건 속에서 이러지도 저러지도 못한 채 걱정만 하며 에너지를 소진하기도 합니다. 그러다 그 과정에서 필연적으로 생겨난 우울, 불안, 번아웃을 마치 치명적인 결함처럼 여기며 도망치듯 상담을 요청합니다. "선생님, 얼른 저를 고쳐 주세요. 그래야 비로소 제대로 된 삶을 살 수 있을 것 같아요." 마치 진짜 삶은 저 너머 어딘가에 있고, 지금 자신은 고장 난 곳을 수리받기 위해 잠시 머무는 대기실에 있는 것처럼 말입니다.

심리학에는 통제의 역설The Paradox of Control이라는 개념이 있습니다. 통제하려 애를 쓸수록 오히려 삶은 더 통제 불능의 상태로 빠져든다는 뜻입니다. 늪에 빠졌을 때 살려고 발버둥 칠수록 더 깊이 가라앉는 것처럼 말이지요.

뜻대로 되지 않을수록 우리는 더 무섭게 애를 씁니다. 어떻게든 내 식대로 통제하려 들고, 더 완벽해지려 스스로를 채찍질하지요. 그러나 그 '완벽하고 이상적인 삶'이라는 환상을 단단히 움켜쥘수록 힘이 들어가고, 꼬리에 꼬리를 무는 생각들로 불안은 끝없이 높아집니다. 그렇게 생생한 삶의 감각은 점점 멀어지고, 가벼운 마음으로 시도하는 일조차 아주 힘들어지지요.

금강경에는 이런 구절이 나옵니다. '응무소주 이생기심應無所住 而生其心' 마땅히 어디에도 머물지 않는 마음으로 살아가라는 뜻입니다. '반드시 이래야만 하는 나', '최소한 이 정도는 되어야 하는 삶'이라는 고정된 환상에 마음을 묶어 두지 말라는 가르침이기도 합니다. 사실 이 세상에 '반드시 그래야만 하는 나' 같은 건 어디에도 없습니다. 내 삶과 나 자신에 덧칠해 온 이상향을 지워 낼 때, 우리는 비로소 평안을 찾을 수 있습니다. 어깨를 짓누르던 불안과 걱정을 내려놓을 때, 오늘을 살아갈 진짜 힘이 생겨납니다.

그래서 이 책에는 두려움의 키를 낮추고, 생각의 무게를 더는 데 도움이 될 만한 이야기들을 담았습니다. 소란한 감정을 다루는 법, 관계에서 힘을 빼는 법, 기어이 찾아오는 불안과 나란히 걸으며 살아가는 법을 적었습니다. 이 책을 통해 당신이 저 너머의 환상이 아닌 지금 여기의 삶에 온전히 집중하며, 불필요한 것들에 전전긍긍하는 시간을 줄여 나가기를 바랍니다. 그것이 곧 마지막 순간에 후회를 줄이고, 지금 이 순간에 충분히 만족스러운 삶을 살아가는 가장 확실한 길이니까요.

어느덧 저의 네 번째 책입니다. 제 책을 기꺼이 찾아 주시는 독자분들은 대체로 삶을 아주 진지하게 대하는 분들입니다. 매사에 신중하고, 생각의 깊이가 남다르며, 내딛는 걸음마다 최대한 실수하지 않으려 애쓰는 사람들입니다. 저는 여러분의 그 태도를 애정합니다. 하지만 동시에, 바로 그 진지함 때문에 스스로 좁은 틀 안에 갇히기도 한다는 것을 잘 알고 있습니다. 타고나기를 생각이 많고, 늘 조심스럽고, 누구보다 삶을 잘 살아 보고 싶은 우리 모두에게, 이 책이 조금은 힘을 빼고 가볍게 살아가는 데 도움 되기를 진심으로 바랍니다.

너무 많은 생각에 휩싸여 머뭇거리다가 소중한 것들을 놓쳐 버리지 않기를, 너무 많은 의미를 덧붙여 이미 무거운 삶을 더 무겁게 만들지 않기를 바랍니다. 그저 힘을 빼고 유연하게 흘러가듯 살아도 괜찮습니다. 삶은 저 너머가 아니라, 늘 지금 여기에 있으니까요.

Contents

Chapter 1

마흔 이후 가장 후회하는 7가지

후회하기 전에 읽는 심리학

불안을
과대평가한 것

지금까지 다양한 어려움을 지닌 내담자들을 만나 오면서 발견한 공통점이 있다. 고민의 얼굴은 제각각이어도 문제의 표면 아래에는 거의 예외 없이 불안이 자리하고 있다는 사실이다. 감정의 문제처럼 보였던 분노도, 무기력처럼 보였던 회피도 그 뿌리에는 잃을지도 모른다는 두려움이 깔려 있었다.

불안이 커질수록 사람들은 공통된 선택을 한다. 시도하기보다는 주저하고, 차라리 아무것도 하지 않는 쪽을 택한다. 그런데 아이러니하게도 그렇게 멈춰 있을수록 불안은 더 커진다.

불확실성이 일상이 된 이 시대에서 '안정'을 붙드는 태도는 너무나 자연스럽다. 용기나 모험보다 훨씬 합리적이고 안전해 보이기 때문이다. 나 역시 그랬다.

대학원 첫 학기를 보내던 때에 부모님의 경제적 상황이 상당히 나쁘다는 것을 알게 되었다. 넉넉하지 않다는 건 알고 있었지만 생각보다 훨씬 심각했기에 가슴이 쿵 내려앉았다. 과외와 아르바이트를 병행하며 공부하는 것도 버거웠던 데다 학자금 대출에 부모님의 재정적 상황까지 생각하면 마음이 몹시 가난해지는 기분이었다. 친구들을 만나는 일도 큰 부담으로 다가왔다.

결국 그다음 학기부터는 취업으로 방향을 틀었다. 물론 그마저도 쉽지 않았다. 지원서를 넣은 회사로부터 번번이 불합격 소식이 날아왔다. 그럴수록 직장인들이 매달 받는 월급이 간절해졌다. 얼른 안정을 찾고 싶었다. 능력만 된다면 부모님의 채무를 모두 해결해 드리고 싶었다. 다행히 취업을 했다. 전공과는 전혀 관련이 없는 직무였지만 비교적 안정적인 직장이었다. 이후 '안정'은 내 인생의 구호처럼 되어 버렸다.

문제는 극단적으로 안정만 찾으려는 경향이었다. 작은 모험도 하고 싶지 않았다. 직장에 소속되어 있다는 사실과 매달 받는 월급을 믿고 안주하고 싶었다. 업무에 적응한

후부터는 잘리지 않을 정도로만 적당히 일을 했다. 끝내지 못한 대학원 과정을 마무리하는 것도, 사람들을 만나는 일도 꺼려졌다. 열정도 치열함도 찾아볼 수 없었다.

욕심을 내지 않는 건 나의 부족함을 마주하지 않는 최선의 방법이기도 했다. 시도하지 않으면 한계를 외면할 수 있으니까. '적당히, 적당히!' 이 얼마나 안전하고 속 편한 말인가. 그렇게 3년쯤 지났을까. 안정에 대한 집착이 내 울타리를 좁히고 있음을 알게 되었다. 나는 안정에 머물렀다기보다 변화를 거부하고 있었고, 스스로를 정체시키고 있었다.

그 당시 극단적으로 안정에 매달렸던 건 두려움 때문이었다. 가난해질까 봐, 실패할까 봐, 위험해질까 봐…. 가진 게 많지도 않았지만, 그마저 잃을까 봐 모든 것이 두려웠다. 불안할수록 안정을 갈망한다. 누구나 큰 두려움을 경험하고 나면, 황급히 안정을 찾아 나서게 된다. 요즘 우리 사회의 전체적인 분위기가 이렇게 흘러가고 있지 않나 생각해 본다. 불확실성이 높아질수록 사람들은 작은 변화도 큰 위기로 받아들여 쉽게 예민해지고 제 것을 지키려고 날카로워진다.

불안과 안정 사이에 괜찮은 중간 지대가 있다

그러던 중 우연히 역동적 평형dynamic equilibrium이라는 단어가 눈에 들어왔다. 좀처럼 어울릴 것 같지 않은 두 단어 '역동'과 '평형'이 함께 쓰여서 의아했다. 심리학에서 말하는 역동적 평형이란 스트레스나 도전적인 상황을 마주했을 때 이를 잘 다루어서 다시 균형 상태를 찾아가는 과정을 말한다. 변화를 받아들이면서 유연하게 대처하고, 또 자신의 내적 자원을 활용해서 평형을 되찾아 가는 과정에서 우리는 필연적으로 성장하게 된다.

그런 의미에서 역동적 평형은 심리적 회복력resilience과도 밀접한 관련이 있다. 심리적 회복력이란 스트레스, 역경, 트라우마를 경험한 후에 빠르게 회복하고 적응하며, 스트레스 상황 이전보다 더 크게 성장하는 힘을 말한다. 사실 변화 혹은 예상치 못한 스트레스 상황은 인생을 살면서 피할 수 없기에 평범한 인간이라면 끊임없이 불균형과 균형 사이를 반복하기 마련이다. 그리고 역동적 평형은 불균형과 균형 사이를 오가는 시소 타기 그 자체를 평형 상태로 본다. 즉 평형이란, 고정된 상태에 머무르는 게 아니라 끊임없이 변화하는 상태라는 것이다.

'아, 내가 잘못 생각하고 있었구나.'

내면의 안정을 붙잡으려고 아무것도 하지 않으려 했던 것, 모든 변화를 거부했던 것은 인간으로서 진정한 균형을 획득하는 방법이 아니었다. 그도 그럴 것이, 안정에 집착했던 그 시기를 보내는 동안 나는 조금도 편안하지 않았다. 어떤 일에도 흔들리지 않는 강한 멘탈을 지니고 싶었지만, 오히려 아주 작은 자극에도 쉽게 동요했다.

살아 있는 한 우리는 흔들리는 존재다. 아무것도 하지 않아도 감정은 수시로 달라지고, 신체 또한 변화하고 있다. 바깥세상은 또 어떤가. 날씨도 계절도 변하고, 유행도 변한다. 어느 하나 그대로인 것이 없다. 게다가 사회가 변하는 속도는 점점 빨라져 어지러울 지경이다. 그런데 그 속에서 조금도 흔들리지 않고 바위처럼 있겠다면 스스로를 고립시키고 도태시키겠다는 뜻과 다르지 않았다. 조금 더 과장하자면 죽은 듯이 살겠다는 말이었다.

돌이켜보면 가장 크게 흔들렸을 때 가장 많이 자랐다. 나 자신에게 크게 실망하고 좌절했을 때, 친구 관계나 가족 관계 안에서 상처받고 무너졌을 때, 예외 없이 나는 답을 찾아가며 많은 것을 배웠고, 몰랐던 내 강점을 깨닫기도 했다.

하버드 대학에서 심리학을 가르친 탈 벤 샤하르는 학생

들에게 행복하고 충만한 삶을 위해 몇 가지를 제안했는데, 그중 하나가 모험을 통해 안전지대와 위험 지대 사이에 있는 건강한 중간 지대를 발견해 보라는 것이었다. 그의 제안에 고개가 끄덕여지는 건 이제는 더 이상 모험을 불안이나 불행과 연결 짓지 않기 때문일 것이다. 새로운 경험을 통해서만 발견해 낼 수 있는, 더 행복하고 더 충만한 지점이 있다.

중심이 단단한 사람이 된다는 것의 숨은 의미

나는 이후 틈틈이 논문을 완성해 학위를 마치고 글도 써서 책을 냈다. 그 경험이 또 계기가 되어 심리상담가를 준비하고 평생 다닐 것 같았던 직장도 그만두었다. 재정적으로는 훨씬 불안정한 길이었고, 실제로 상담가 수련 과정 중엔 수입이 전혀 없어서 논술 첨삭 아르바이트를 하기도 했다. 그 길이 전혀 불안하지 않았다고 하면 거짓말일 것이다. 서른이 넘어서 넉넉하지 않은 통장 잔고를 마주하는 일은 그리 유쾌하지 않았다. 다시 회사에 소속되고 싶다는 마음도 들었다. 그럼에도 그 시기를 이전처럼 위기나 문제 상황으로 받아들이지는 않았던 것 같다. 매 순간 역동적 평형 상태에 있다고 믿었다. 무엇보다 전에 없던 새로운 경험들이 쌓이고 있었다.

꼬박꼬박 생기는 수입 자체가 한 인간의 안정을 결정지을 수 없다. 겉보기엔 번듯한 직장에 다니면서도 마음은 흔들릴 수 있고, 비정규직이나 프리랜서처럼 불안정해 보이는 고용 상태에서도 누구보다 삶에 만족하며 평안한 마음으로 지낼 수도 있는 것이다. 그러니 안정이라는 개념에 집착하기보다는 유연하게 살아가면서 역동적인 평형 상태를 즐기는 게 낫지 않을까.

그사이 나는 내 나름의 크고 작은 모험을 했다. 일에서도, 관계에서도, 사랑에서도. 그 과정에서 탈 벤 샤하르가 말한 건강한 중간 지대를 알아 갈 수 있었다. 정확히 말하자면 중간 지대에서 마주하는 내 모습을 기꺼이 받아들이게 되었다. 그건 바로 끊임없이 흔들리고 가끔은 넘어지면서도 계속 나아간다는 것이었다.

마흔이 넘은 지금, 10년 전, 20년 전의 나와 가장 크게 달라진 점이 있다면 불안을 더 이상 큰 문제로 취급하지 않는다는 것이다. 그렇다고 불안이 사라졌다는 뜻은 아니다. 여전히 새로운 일을 앞두면 긴장하고, 선택의 갈림길에서는 마음이 흔들린다. 다만 이제는 그 감정을 없애야 할 결함으로 여기지 않는다.

수많은 시행착오를 거치며 나에 대한 데이터가 차곡차곡 쌓였다. 불안해도 결국은 해냈던 경험들, 흔들리면서도 무너지지 않았던 시간들이 남았다. 불안은 나의 한 부분이지, 나를 끌고 다니는 주인은 아니라는 사실을 서서히 체득하게 되었다. 그리고 앞으로도 새로운 경험이 쌓이는 만큼 나는 계속해서 나를 알아 가게 될 것이다.

물론 여전히 역동적인 평형보다는 정적인 안정을 추구하는 사람들이 많다는 것을 알고 있다. 흔들리고 싶지 않은 마음을 너무나 이해한다. 나도 그랬으니까. 하지만 살아 있다는 건 끊임없이 변화한다는 것. 그러니 흔들리지 않으려 안간힘을 쓰기보다 기꺼이 흔들리는 자신을 허용해 보기를. 그런 자신을 있는 그대로 받아들일 수 있다면, 불균형과 균형 사이의 시소 타기는 위기가 아닌 생명력 넘치는 즐거운 춤이자 가장 자기다운 성장의 과정이 될 것이다.

후회가 없을 만큼
무언가에
미쳐 본 적이 없는 것

상담을 하다 보면 '나다움'이라는 표현이 종종 등장한다. '이젠 정말 나답게 살고 싶거든요'라는 갈망과 '이게 정말 나다운 걸까요?'라는 질문이 대표적인 예다. 내가 누구인지, 어떤 기준으로 살아야 하는지, 이 선택이 정말 나다운 것인지 끊임없이 확인하고 싶어 한다. 사람들이 나다운 삶을 추구하는 데에는 여러 이유가 있겠지만, 그중 하나는 타인의 기대와 시선에 맞춰 살아온 삶에서 이제는 벗어나고 싶다는 욕구 때문일 것이다. 하지만 그보다 중요한 이유는 빠르게 변화하는 세상에서 삶의 기준이 자꾸 흔들리기 때문이다.

직업의 안정성도, 사회적 규범도, 성공의 공식도 더 이상 믿을 만한 기준이 되지 못하는 시대에서, 사람들은 붙잡을 수 있는 유일한 닻으로 '자기 자신'을 선택한다. 불안에 휩쓸리지 않기 위해 차라리 기준을 나로 삼겠다는 것이다. 그래서 '내면이 단단한 사람', '흔들리지 않는 마음', '나다운 인생'이라는 말들이 유독 매력적으로 들린다. 자기 기준만 분명하다면 어떤 상황에서도 후회하지 않을 것처럼 느껴지기 때문이다.

'나다운 삶을 살겠다.' 얼핏 들으면 참자기true self를 향한 용기 있는 선언처럼 들린다. 참자기가 있는 그대로의 나, 자연스러운 감정과 욕구에서 비롯된 나라면, 거짓자기false self는 타인의 기대, 사회가 요구하는 기준에 맞춰 방어적으로 만들어진 자기이다. 영국의 정신분석가 도널드 위니캇이 제안한 개념으로, 그는 누구나 자라면서 현실에 적응하기 위해 어느 정도 거짓자기를 만들어 낸다고 말했다.

혼나지 않기 위해 혹은 사랑받기 위해 진짜 감정을 숨기고 웃는 아이를 상상해 보자. "아이구, 착하네." 이 한마디에 아이는 '나는 착한 사람이 되어야 안전하겠구나'라고 학습한다. 마음이 크게 흔들릴 때조차 아무렇지 않은 척 견뎌 내는 우리의 모습 또한 거짓자기의 연장선일 수 있다. 진정한 감정은 억누르며 타인의 기대에 순응하고 사회적으로 용인되는 모습만 보여 줄 때, 우리는 '진짜 나'와는 멀어진다. 하지만 그 모습이 더 안전하게 느껴지기에 그런 삶을 선택하는지도 모른다.

그런데 문득 의문이 든다. 지금 우리가 말하는 '나다움'은 과연 참자기에 가까운 것일까? 어쩌면 그것조차 이 시대가 바라는 자기다움을 흉내 내는 것에 불과할지 모른다. 나답게 살고 싶어 하지만 정작 내가 누구인지 알지 못한 채, 외부 기준을 내면화한 거짓자기로 살아가는 경우가 의외로 많다. 어떤 삶이 자기 주도적인지, 어떤 태도가 멋지고 쿨한지 그 기준조차 외부로부터 가져와 내 것이라고 착각하기도 한다.

특히 SNS에서는 '나다움'조차 일종의 퍼포먼스가 되기 쉽다. 나다운 스타일, 말투, 행동 등 그럴듯한 '나다움'이 전시된 이 세계에서, 사람들은 은근한 압박을 받으며 자신을 보여 주고 싶은 모습으로 편집해 올리곤 한다. 그리고 그것을 진짜 나라고 믿으며 살아간다.

하지만 카메라의 왜곡된 필터를 거친 모습이 현실의 나와 같을 수는 없다. 심지어 현실의 나와는 전혀 다른 모습에 때로는 깊은 괴리감을 느낀다.

나답게 사는 일이
생각보다 어려운 이유

나다운 삶을 살기 위해서는 무엇보다 '나'에 대한 제대로 된 이해가 선행되어야 한다. 그리고 이를 위해서는 나를 한 발짝 떨어져 바라보는 시선이 필요하다. 거울에 비친 나를 보려 할 때 거울에 너무 밀착해 있으면 오히려 보기 힘든 것과 같다. 내 감정이나 생각에 너무 가까이 붙어 있으면 진짜 내가 잘 보이지 않는다. 거리를 두고 나를 관찰할 때 비로소 보이는 것이 있다. 그렇게 나를 관찰하다 보면 더 큰 질문이 떠오르기도 한다.

'도대체 난 누구지?'

왜냐하면 '나'라는 존재는 생각보다 훨씬 유동적이고 변화무쌍하기 때문이다. 나의 감정, 취향, 생각은 시간과 관계, 환경에 따라 계속 변한다. 그때는 맞고 지금은 틀린, 수많은 나에 관한 얘기들이 있다. 5년 전 일기장을 꺼내 보면 '와, 내가 이런 생각을 했다고?' 하며 새삼 놀라게 된다. 어제 좋아했던 떡볶이가 오늘은 물리기도 하고, 누구와 함께 있느냐에 따라 내 말투와 표정이 달라지기도 한다.

결국 나를 제대로 안다는 것은, 이렇게 모순되고 변해가는 다양한 나를 통합적으로 받아들이는 일이다. 내가 좋아하는 모습만 받아들이는 게 아니라, 남에게 보여 주기 싫고 나조차 외면하고 싶은 초라하고 못난 모습까지 포함해서 말이다. 나의 특정 모습과 취향만 고집하면 나에 대해서 무지한 것을 넘어, 진짜 나를 놓쳐 버릴 수 있다.

물론 '나답게 살겠다'는 다짐이 반드시 필요한 경우가 있다. 예를 들어, 부모에게 과도하게 의존하거나 반대로 부모가 사사건건 개입하는 경우, 진로나 결혼 등 중요한 선택조차 스스로 내리지 못하고 타인에게 끌려다니는 경우가 이에 해당한다. 이때는 자기 주체성과 자기 결정권을 되찾는 일이 절실할 수 있다. 하지만 이미 내 삶을 스스로 꾸려 나가고 있고 중요한 선택을 내 기준에 따라 내리며 내 감정을 잘 다루고 있다면, 굳이 '나다움'을 지나치게 의식할 필요는 없다. 억지로 나를 정의하지 않아도 괜찮다. 자연스럽게 살아가는 것, 그 자체가 나다움이기 때문이다.

가수이자 예능인 이효리 씨를 보면, '나답게 살아야지'라는 결심 없이도 자기다움이 자연스럽게 배어 있다는 인상을 받는다. 물론 대중의 입장에서 그녀의 속내를 완전히 알 수는 없지만, 화려한 스타의 삶을 내려놓고 결혼과 동시에 제주도에서 살아가기로 했을 때, 몇 년이 지나 훨씬 더 자연스러운, 때로는 민낯에 가까운 모습으로 방송에 복귀했을 때, 그녀는 그냥 변화하는 흐름을 따라 사는 듯 보였다. '나다움'을 고집하지 않고 흐름에 자신을 맡기되, 자기 기준을 잃지 않고 살아가는 모습. 어쩌면 그것이야말로 건강한 삶이 아닐까.

나에 대한 생각이 지나칠수록 삶에 몰입하기 어렵다

나에게만 몰두하면 나의 욕망과 결핍에 더 깊이 사로잡히기 쉽다. 고민이 커지고, 세상은 점점 더 불안한 곳으로 느껴진다. 나만 존재하는 좁은 세계에서 벗어나야 비로소 숨통이 트인다. 철학자 버트런드 러셀도 이를 정확히 짚었다. 그는 청소년기 내내 삶을 증오했고 자살 충동을 안고 살았다. 하지만 시간이 지나 그는 삶을 즐길 수 있게 된 이유를 이렇게 설명했다.

"나는 나 자신에 대한 생각을 줄였다. 그 대신 세상의 일들, 내가 사랑하는 사람들에게 더 많은 관심을 기울였을 때 삶이 훨씬 더 풍요로워졌다."

자기 안으로 파고드는 관심을 바깥으로 돌릴 때, 우리는 사람들과 연결되고 무언가에 몰두하는 기쁨을 맛볼 수 있다. 그것이 곧 확장된 자아이고, 러셀이 말한 행복의 기반이기도 하다.

나는 이것을 '사랑'이라고 부르고 싶다. 일이든, 사람이든, 예술이든, 무언가를 온 마음으로 사랑할 때, 우리는 시간 가는 줄도 모르고 몰두하게 된다. 좋아하는 일을 할 때, 좋아하는 음악을 들을 때, 음식을 만들 때, 소중한 사람들과 마주 보며 얘기할 때⋯. 그런 순간에는 시간의 흐름도, 고민거리도 잊게 된다. 말하자면 나를 잊게 되는 것이다. 하지만 바로 그때 '나'는 가장 크게 확장된다. 사랑하는 대상과 연결되어 있기 때문이다. 그것이 불안에서 벗어나 더 큰 기쁨으로 향하는 길이다.

다큐멘터리 〈울지마 톤즈〉로 잘 알려진 이태석 신부는 그런 확장된 자아의 기쁨으로 살아간 대표적인 인물이 아닐까 생각한다. 의사이자 사제였던 그는, 신학생 시절 아프리카의 작은 마을 톤즈에서 아이들을 만나고 이렇게 결심했다.

"내가 많은 것이 부족하지만 무언가 할 수 있을 것 같은 느낌이 있었다."

그는 사제가 된 뒤 톤즈로 돌아와 병원을 세우고 한센병 환자들과 내전 부상자들을 돌봤다. 그뿐만 아니라 학교를 짓고, 밴드를 만들어 아이들에게 악기를 가르쳤다. 비록 말기 암 진단을 받고 투병 끝에 일찍 생을 마감했지만, 영상 속 그의 얼굴은 끝까지 밝고 온화했다. 그는 자신의 기쁨이 이끄는 대로 살았고, 그것이 곧 사랑이었다.

최선을 다해 본 경험이야말로 진정한 재산

불안할수록 우리는 '나'를 붙들고 싶어진다. 나를 지키고, 나를 설명하고, 나를 잃지 않기 위해 애쓴다. 하지만 그럴수록 삶과의 거리는 오히려 멀어진다. 지나치게 '나'에 몰두한 상태에서는 어떤 일에도 온전히 빠져들기 어렵기 때문이다. 걱정을 조금 내려놓고 삶에 집중하기 시작하면, 우리는 아이러니하게도 '나'에게서 잠시 해방되고, 그토록 원하던 만족감과 평온, 그리고 성장을 경험하게 된다.

그럼에도 많은 사람이 무언가에 몰입하는 일을 두려워한다. 일에 미쳤다가 기대만큼의 성과를 얻지 못할까 봐, 누군가를 깊이 사랑했다가 상처만 남을까 봐, 열정을 쏟아부었는데 아무것도 되지 못할까 봐 겁을 낸다. 그래서 차라리 안전한 거리를 유지한 채 '나'를 지키는 쪽을 선택한다. 그 마음을 충분히 이해한다. 그러나 분명한 사실이 하나 있다. 몰두해 본 경험은 결코 사라지지 않는 삶의 자산이라는 점이다. 비록 관계가 끝나더라도, 회사에서 원하는 결과를 얻지 못하더라도, 전문 예술가나 성공한 커리어로 이어지지 않더라도, 무언가에 최선을 다해 본 사람과 그렇지 않은 사람 사이에는 분명한 차이가 남는다.

몰입의 경험은 결과가 아니라 감각을 남긴다. 어디까지 해 봤는지, 무엇이 나를 움직이는지, 어느 지점에서 포기하고 싶어지는지, 그럼에도 다시 나아갈 수 있는 힘은 어디서 나오는지. 이런 감각들은 시간이 지나도 사라지지 않는다. 오히려 그런 경험을 해 본 사람은 용기 있게 다른 길을 선택하거나 새로운 시도를 할 수 있다. 지금의 삶을 충분히 살아 본 사람만이 다음 선택 앞에서도 덜 두려워하기 때문이다.

계속해서 '나 중심의 세계' 안에 머무르면 세상은 좁고 위태롭게 느껴진다. 그러나 용기를 내어 삶에 몰입하는 순간, 비로소 더 큰 세계가 있다는 사실을 알게 된다. 나를 지키는 데만 애쓰느라 한 번도 무언가에 미쳐 보지 못했다면, 언젠가는 그 시간을 후회하게 될지도 모른다. 그러니 두려움에 '나'만 붙들고 살지 말기를. 결과를 장담할 수 없어도 괜찮다. 삶에, 사람에, 일에, 사랑에 한 번쯤은 온 힘을 다해 미쳐 보기를. 그 경험이야말로 시간이 지나도 당신을 떠나지 않을, 가장 단단한 재산이 될 것이다.

'진짜 잘 사는 것'보다 '잘 살아 보이는 것'에 더 신경 쓴 것

2030 여성들의 라이프 트렌드를 정리한 책 《스물하나, 서른아홉》에 따르면, 20대 여성들이 되고 싶어 하는 이른바 '추구미'가 '사랑받고 자란 이미지'라고 한다. 이에 대해 떠올리는 바는 저마다 다르겠지만, 자신감 있고 긍정적이고 밝은 기운을 풍기는 사람이 아닐까. 그런데 지적이거나 선한 인상도 아니고 사랑받고 자란 이미지라니, 참 난감하다. 혼자만의 노력으로는 안 되고, 성장 과정을 통째로 바꿔야 가능하기 때문이다. 어쩌면 이건 다시 태어나고 싶다는 말의 다른 표현이 아닐까 싶다.

요즘 우리는 스스로에게 너무 많은 것을 요구하는 듯하

다. 일례로 외모, 성격, 자산, 직업, 집안, 학벌 등 모든 측면에서 완벽한 '육각형 인간'을 갈망하는 이들이 늘었다고 한다. 하나도 둘도 아닌, 모든 면이 완벽한 영화 속 주인공 같은 사람을 좇으려니, 사람들은 좀처럼 스스로를 가만히 내버려 두지 않는다. 자꾸 뭔가를 하려 하고, 쉼 없이 채우려 하고, 부족함을 메꾸는 데 여념이 없다. 매일 완벽을 향해 전력 질주한다.

흔히 '완벽주의자'는 부지런하고 성취 지향적인 사람일 거라 생각한다. 그러나 완벽주의는 종종 반대의 얼굴을 한다. 게으름, 회피, 타인의 시도를 쉽게 평가하고 비난하면서도 자신의 시도는 끝내 미루는 모습으로 말이다. '완벽하게 해내야 한다', '완벽한 모습이어야 한다'는 강박은 실패에 대한 두려움을 부추겨 사람을 더 작아지게 하고 주저하게 만든다. 그리고 이는 아주 평범하고 흔한 모습들이다. 그런 면에서 우리 대부분의 내면에는 완벽주의가 자리하고 있는지도 모르겠다.

완벽주의의 세 가지 유형

완벽주의는 크게 세 가지 유형으로 나뉜다. 첫째, 스스로에게 높은 기준을 세우는 '자기 지향적 완벽주의'. 둘째, 타인에게 완벽함을 기대하고 요구하는 '타인 지향적 완벽주의'. 셋째, 사회(혹은 타인)가 자신에게 높은 기대를 한다고 느끼는 '사회 부과적 완벽주의'.

용어가 다소 딱딱하지만, 완벽의 기준을 내가 나에게 들이미느냐, 타인에게 들이미느냐, 아니면 타인이 들이댄 기준을 내가 받아들이느냐로 구분할 수 있다. 이 중 가장 피하고 싶은 완벽주의는 단연 타인 지향적 완벽주의일 것이다. 가까운 동료나 가족이 나에게 비현실적으로 높은 기준을 요구한다면 매일 시험 보는 기분일 테니까 말이다. 하지만 스스로에게 가장 고통스러운 경우는 바로 사회 부과적 완벽주의 유형이라고 한다.

내가 세우지도 않은 기준에 부응하려 애쓰는 삶, 이보다 더 고단한 싸움이 있을까. 영국의 심리학자 앤드루 힐과 토머스 커런은 27년간 4만 명 이상의 대학생을 분석한 결과, 완벽주의의 세 가지 유형 중 사회 부과적 완벽주의의 증가 속도가 가장 빠르다고 보고했다. 그러니까 요즘 젊은 층은 점점 더 자기 자신을 타인의 기대 속에서 정의한다는 것이다. 그리고 그 기대를 충족시키지 못할까 봐 끊임없이 불안해한다. 이처럼 사회 부과적 완벽주의는 단순히 기준이 높다는 것만 문제가 아니다. 그것은 자기 삶의 주도권이 타인의 기대에 넘어가 버렸으며, '타자화된 나'가 삶의 중심에 자리 잡은 상태이기도 하다.

이는 어른이 되면 가장 흔히 나타나는 완벽주의의 얼굴이기도 하다. 어른의 완벽주의는 종종 타인의 시선과 평가에 의해 강화된다. 유튜브나 인스타그램 같은 공간엔 무섭도록 열심히 사는 사람들, 시간 관리를 기가 막히게 잘하는 사람들이 가득하다. 그들 사이에서 나는 자꾸 작아지고, 느려지고, 부족하게 느껴진다.

언젠가 한 후배는 유튜브 알고리즘의 추천으로 우연히 '미라클 모닝'을 실천하는 사람의 영상을 보고 나서 이렇게 말했다. (영상의 주인공은 새벽 네 시에 일어나 명상, 독서, 운동을 한 뒤 출근했다고 한다.) "나는 회사에 지각만 안 하고 출근하면 기특하다고 해 왔는데, 갑자기 나 자신이 너무 하찮고 한심해졌어요." 농담 섞인 그 투정에 공감할 수밖에 없었던 건, 나 역시 그즈음 아이 셋을 키우며 부지런히 자기 관리를 하고 외모도 잘 꾸미는 한 인플루언서의 영상을 보고 좌절해 버렸기 때문이었다.

그런 완벽한 사람들, 아니 완벽해 보이는 사람들 사이에서 부족하고 못난 사람이 되기는 참 쉽다. 사회적 비교는 아주 조용히, 그러나 확실하게 '넌 아직 멀었어', '넌 안 돼'라는 메시지를 주입한다. 그래서 우리는 자신이 얼마나 지쳤는지, 얼마나 최선을 다했는지는 잊은 채 계속해서 스스로를 밀어붙인다. 그 기준이 내 것이 아님을 알면서도 멈추는 것이 불안해 더 세게 채찍질하곤 한다. 이것이 완벽주의가 잔인한 이유다. 내가 나를 응원하지 못하고, 타인의 시선을 내면화한 채 매일 숙제처럼 살아가는, 스스로를 평가하고 벌주는 삶이기에.

잘 사는 듯 보이려고 애쓰는 삶은 결국 번아웃으로 끝난다

부단히 노력하고 좋은 성과를 내고, 그 과정에서 성장한다면 완벽주의가 뭐가 문제냐고 반문할 수 있겠다. 그리고 누군가는 그러한 완벽주의 성향을 부러워할지도 모를 일이다. 실제로 많은 사람이 완벽주의를 성실함이나 자기 관리의 미덕과 혼동한다.

물론 스스로에게 건 기대를 즐겁게 충족하고, 그 삶에 만족할 수 있다면 아무런 문제가 없다. 그러나 보통은 기준이 높아질수록 만족은 멀어진다. 우리는 한계를 가진 인간이 아니던가. 그렇기에 기대가 계속하여 높아지다 보면 자기 비난으로 이어질 가능성이 높다. 즉, 성취는 있되 만족은 없는 것이다.

주변 사람들의 부러움을 받는 순간에도 만족이 아닌 후회와 자책, 자기 비난을 느낀다면, 완벽주의의 함정에 빠진 것이다. 최선을 다하고도 칭찬과 격려보다는 '이 정도는 당연하다'며 무심하게 넘기고, 작은 아쉬움이 들 만한 일에도 '더 잘했어야 했다'며 습관적으로 자책한다면, 내 안에 비현실적으로 높은 기준이 있지는 않은지 살펴볼 필요가 있다.

'나는 왜 이 정도도 못하지?' '나는 게으른 사람인가 봐.' '나는 어차피 안 되나 봐.' 이처럼 결과만 두고 자신을 비하고 미워하는 건 너무 가혹하지 않은가. 삶에 대한 불만족과 자신에 대한 미움이 쌓이면 우울을 피할 수 없는 지경에 이른다. 최선을 다하고도 자신을 미워할 수밖에 없는 사람은 성공적인 결과물을 보여 줄 수 있을지는 몰라도, 불안 속에 살다가 결국 자신을 해치게 된다.

더군다나 성취의 기준이 내가 아닌 타인, 혹은 사회에서 비롯되었다면 문제는 심각해진다. 좋은 대학, 스펙, 외모, 인간관계, 재테크, 워라밸과 육아까지, 시대가 요구하는 이상적인 사람의 모습은 점점 더 정교해진다. 이 틀에 들어맞지 않으면 부족하다는 감각을 피하기 어렵다. 그러나 그중에 내가 진짜로 원하는 건 무엇이었을까. 그 모든 걸

채운다고 나는 정말 만족할 수 있을까.

우리는 타인의 눈을 통해 '나'를 구성하고, 그 눈에 들기 위해 자신을 끊임없이 조정한다. 언젠가부터 '사는 것'보다 '잘 살아 보이는 것'이 더 중요해진 이유다. 철학자 사르트르는 타인의 시선이 나의 존재를 객체화한다고 말했다. 그의 유명한 말 '타인은 지옥이다'는 종종 오해받기도 하지만, 본래의 의미는 타인의 시선 속에 갇힌 나의 모습이 얼마나 고통스러운가에 있다. 열쇠 구멍으로 나를 지켜보는 타인을 끊임없이 의식하는 삶, 그 시선에 맞춰 나 자신을 해명해야 하는 삶. 그렇게 나는 더 이상 자유로운 주체가 아닌, 타인의 기준 속에서 해석되고 고정된 객체가 되어 간다.

물론, 우리가 타인의 시선 밖으로 완전히 벗어날 수는 없을 것이다. 사회 안에서 살아간다는 건 어느 정도의 기준과 기대, 평가를 마주하며 살아간다는 뜻이기도 하니까. 그러나 그 시선에 나를 모두 내맡기느냐, 아니면 중심을 잘 잡고 그 시선을 하나의 의견으로 여기느냐는 엄연히 다른 문제다. 나를 움직이는 동력이 타인의 기대인지, 내 삶의 리듬과 내면의 기준인지를 끊임없이 점검해야 한다. 지속 가능한 방식으로 나를 데리고 사는 일. 그건 모든 영역에서 완벽해지려 애쓰는 게 아니라 내가 감당할 수 있는 방식으로 충실하게 살아가는 것이다. 타인의 시선을 견디면서도 나를 잃지 않는 단단한 길이 이어질 수 있도록.

1등이 아닌 완주, 완벽이 아닌 꾸준함의 힘으로 살아갈 것

나 스스로를 밀어붙이게 하고, 때로는 나를 해치기까지 하는 완벽주의적인 기대를 알아차릴 수 있다면, 시간이 걸리더라도 그것을 서서히 내려놓을 수 있다. 그 높은 기준을 내려놓고 나면 결국 남는 건 결과물이 아니라 매일의 삶이다. 우리가 할 수 있는 일은 생각보다 단순하다. 그저 오늘 주어진 삶을 충실히 살아가는 것. 가야 할 길이 멀어 보여도 그저 한 걸음씩 내딛는 것.

학창 시절 공부를 열심히 하지 않아서 후회하는 사람들이 많다. 그런데 그 말을 잘 들어 보면 대부분 1등을 못 해서가 아니라 그 시절에 충실하지 않아서 후회한다는 걸 알 수 있다. 즉 그때만 가능한 성취와 즐거움을 마음껏 누리지 못해서 아쉬워하는 것이다. 어쩌면 미련과 후회는 결과 그 자체보다 그 순간에 충실하지 못했을 때 남는지도 모른다. 그리고 그 충실함의 힘은 '제대로 해내야 해'라는 강박이 아니라 '이 정도면 충분해'라는 만족에서 나온다. 왜냐하면 완벽주의는 매일 충실하게 살아갈 힘을 갉아먹기 때문이다. 기준이 너무 높으면 사람은 오히려 주저하고, 회피하고, 남의 삶을 평가하면서 스스로를 소모하는 '방구석 평론가'가 되기 쉽다. 그러니 육각형 인간이 되려 애쓰기보다, 그냥 매일을 충실히 살아갈 것. 나를 몰아붙이는 기준과 비교를 내려놓고 뚜벅뚜벅 살아가면 된다.

몇 년 전, 나와 비슷하게 육아와 글쓰기, 그리고 심리상담을 병행하시는 선생님과 연이 닿아 통화를 한 적이 있다. 나보다 훨씬 앞서 그 길을 걸으며 오랜 시간 성실히 살아오신 분이었다. 존경과 부러움이 뒤섞여 이렇게 말했다. "어떻게 아이 셋을 키우시면서도 매일 그렇게 성실하게 지내세요? 정말 쉽지 않을 텐데." 나의 투정에 선생님은 따뜻한 말투로 답하셨다. "그냥 완주에 의의를 두고 가는 것뿐이에요. 완주도 대단한 거예요."

그렇다. 1등이 아닌 완주. 누구를 이기기 위해서가 아니라, 남들에게 더 대단해 보이고 싶어서가 아니라, 내가 정한 인생의 방향이기에 할 수 있다면 계속하는 것. 잘될지를 너무 고민하지 않고 오늘 할 수 있으니까 그냥 하는 것. 그거면 된다. 어쩌면 그런 꾸준함 끝에 우리는 미소 지으며 "완벽했어"라고 말할 수도 있지 않을까.

힘들 때마다
도파민적 자극으로 도망친 것

피로감이 높은 날이면 잠들기 전 어김없이 스마트폰을 들게 된다. 나를 무리하게 밀어붙이고 난 후엔 보상받고 싶은 마음이 강하게 일고, 그럴수록 짧고 쉬운 쾌락에 손을 뻗기 쉽다. 그런 날이 이어지면 마음은 산만해지고 참을성은 줄어든다. 특히 시간이 걸리고 정성을 들여야 하는 작업에서 금세 한계를 느낀다. 진득하게 책을 읽거나 글을 쓰는 일이 그렇다. 더욱이 지금 내가 붙잡고 있는 장기 프로젝트, 이 책 작업은 집중력과 마음의 안정이 무너질 때마다 유난히 멀게만 느껴진다.

대체로 개인에게 큰 의미가 있는 일은 이와 같은 장기

프로젝트인 경우가 많다. 자격증이나 학위 취득, 외국어나 진로 전환을 위한 공부, 미술이나 음악 작품 완성 등은 당장 보상은 없지만 오랜 시간 공을 들여야 하는 일들이다. 이런 큼직한 과업은 완주하지 못하면 스스로에 대한 실망감이나 좌절로 이어질 수 있다.

그렇지 않아도 나는 6년 전 아이를 출산한 이후 책을 쓰는 일이 크게 체감될 정도로 어려워졌다. 물론 육아와 병행하느라 시간이 부족해진 탓도 있지만, 미디어의 무수한 콘텐츠가 집중력을 갉아먹은 탓도 크다. 육아에 지쳤을 때 가장 쉽게 도망갈 수 있는 곳이 스마트폰이었다. 그런 날들이 쌓이면서 원고에 몰입하기가 힘들어졌고, 몰입이 어려워질수록 다시 폰을 찾는 악순환이 이어졌다. 시간이 부족한 게 아니라, 시간을 집중해서 쓰는 힘이 떨어졌다. 가뜩이나 약점으로 생각했던 집중력이 유튜브, SNS, 쇼핑 등을 접하면서 완전히 무너진 기분이 들었다.

옥스퍼드 대학은 2024년 올해의 단어로 '브레인 롯brain rot'을 꼽았다. 디지털 콘텐츠에 과도하게 노출되어 사고력이나 집중력, 감정 조절 능력 등이 떨어진 상태를 비유적으로 일컫는 표현이다. 우리말로 번역하면 '썩은 뇌'라고 해야 할까. 섬뜩하다. 그럼에도 과하지 않다고 느껴지는 이유는 쇼츠를 연달아 본 날이면 뇌가 짧고 쉬운 쾌락에 절

여진 듯한 기분이 들기 때문이다. 스마트폰을 붙잡고 밤늦게까지 깨어 있다 보면, 다음 날 몸은 더 무겁고 마음은 더 산만하다.

쇼츠를 멈추지 못하는 나를 탓하기 전에 알아야 할 것

산만함, 불안, 우울을 오롯이 자기 탓으로 돌리기 전에 우리를 둘러싼 환경을 살펴볼 필요가 있다. 끊임없이 업데이트되는 자극적인 뉴스, 피드, 댓글, 쇼츠 콘텐츠들. 이는 단순한 재밋거리가 아니라 공기처럼 우리를 감싸고 있는 환경 그 자체이다. 그리고 이 디지털 환경이 뇌와 상호 작용하며 치명적인 결과를 낳는다.

짧고 강한 자극에 반복적으로 노출된 뇌는 점점 더 빠르게 반응하지만 동시에 더 빨리 질려 버린다. 결과적으로 집중을 오래 유지하기가 어려워지고 이는 곧 불안의 상승으로 이어진다. 사소한 일에도 쉽게 짜증이 나거나 해야 할 일 앞에서 자꾸 꾸물거리고 회피하고 싶어지는 감정들이 그 신호일 수 있다. 마음은 주의력이 한곳에 오래 머무를 수 있을 때 평온해진다. 하지만 우리의 뇌는 지금 안절

부절못하고 있고, 주의력은 이리저리 흩어지고 있다. 지금 당장 확인해 볼 수 있다. 호흡에 집중하면서 자기 나이 수만큼 호흡을 세어 보라. 단 1~2분 남짓한 시간에도 주의가 얼마나 다양한 곳으로 흩어지는지 체감할 수 있을 것이다.

즉각적인 반응, 빠른 보상에 익숙해진 뇌는 기다림이 필요한 일, 천천히 쌓아 올리는 일과는 점점 멀어진다. 뇌를 연구하는 장래혁 교수는 이를 '정신적 허기'라고 표현했다. 끊임없이 자극을 집어넣지만 마음은 허기져 있다. 즐거운 것들은 넘쳐 나지만 진정으로 마음을 채울 수 있는 것은 결핍돼 있다. 그래서 수많은 정보와 쾌락으로 채워진 하루 끝에 우리는 설명하기 어려운 불안감을 느낀다. 이는 허전함, 혹은 공허감으로 바꿔 말할 수도 있을 것이다.

결국 우리의 불안은 스마트폰 환경에서 과도하게 자극받은 뇌의 자연스러운 반응이라고 할 수 있다. 그렇게 생각하면 오히려 불안하지 않은 것이 이상한 일인지도 모른다.

피로를 도파민으로 버티게 하는 현대 사회

즐길 거리가 넘쳐 나는 지금, 불안은 만성적이고 우울은 만연해 있다. 어쩌면 그것은 우리가 우리 자신을, 더 정확히는 뇌를 잘 모르고 이 환경에 끌려다니고 있기 때문일지도 모른다.

흔히들 쾌감이 극대화될 때 "도파민 터진다"는 표현을 쓰고, 도파민을 단순히 즐거움에 반응하는 물질로 오해한다. 그런데 도파민은 쾌락의 호르몬이라기보다는 무언가를 추구하고 기대하게 하는 신경전달물질이다. 즉 성취 그 자체보다, 성취를 향해 가는 과정에서 더 강하게 분비된다. 예를 들어 A 학점을 기대하며 기말고사를 준비한다면, 실제로 성적을 확인하는 순간보다 A 학점을 상상하며 공부할 때 도파민이 더 많이 분비된다. 그러나 원하는 걸 손에 넣는 순간, 도파민은 급격히 줄어든다. 그 공백은 불편감, 때로는 고통처럼 느껴진다. 그래서 우리는 다시 다음 목표를 찾아 움직이게 된다. 만족하며 긴장을 풀기보다는 얼른 빈 곳을 채우러 달려가는 것이다.

깊은 만족감은 도파민이 아니라 세로토닌이나 옥시토신처럼 더 안정적이고 지속적인 시스템과 관련이 있다. 세로토닌은 평온함, 자기 존중감과 연결된 신경전달물질이고, 옥시토신은 신뢰, 유대감, 사랑과 같은 정서적 연결에 관여한다. 이 둘은 도파민처럼 즉각적이고 자극적인 방식은 아니지만, 지속적이고 잔잔한 만족감을 준다. 도파민이

'원하게 하는 힘'이라면, 세로토닌은 '이대로 괜찮다'는 느낌을, 옥시토신은 '타인과의 연결 속에서 느끼는 따뜻함과 신뢰'의 감정을 강화한다. 그리고 마음이 깊이 채워지는 순간은 도파민적 쾌락보다 세로토닌과 옥시토신이 활성화될 때 주로 찾아온다.

물론 모든 신경전달물질은 각자 역할이 다른 만큼, 우리에겐 그 모두가 필요하다. 다만 도파민적 자극이 너무 강하고 잦을 경우, 끊임없이 무언가를 원하지만 정작 만족은 느끼지 못할 수 있다. 도파민을 좇으며 사는 삶은 기대로 채워진 삶이다. 즉 지금 여기에 머물기보다는 다음 자극, 다음 쾌락, 다음 보상을 기다리며 살아간다. 이렇게 기대가 중심이 된 삶은 결국 두 가지 결과에 이르게 되는데, 하나는 실망이고 다른 하나는 '더 많이'를 향한 갈증이다. 기대가 충족되지 않으면 실망하고, 기대가 충족되면 잠깐의 만족 뒤에 더 큰 쾌락을 향해 달릴 준비를 한다. 이것이 도파민 시스템의 구조이다.

동시에 이는 현대인이 삶을 살아가는 방식이기도 하다. 더 좋은 대학, 더 좋은 직장, 더 많은 돈, 더 좋은 집과 차를 기대하고 구하며, 끝없이 다음 단계로 나아간다. 일상에서도 습관처럼 지금보다 더 즐겁고, 더 편한 것을 찾는다. 그러는 동안 만족이나 평온함에 머물러 본 적은 거의 없다.

'잠깐의 충족과 더 큰 갈증'의 반복에 익숙해지면서 더 쾌락적인 자극을 찾는 걸 당연하게 여긴다.

사실 인간이 진짜 행복하게 느끼는 순간은 따로 있다

한없이 쇼츠를 넘기고, 궁금한 것이 생길 때마다 손가락 하나로 모든 답을 얻어 내고, 클릭 한 번으로 맛있는 음식을 문 앞까지 받아 내는 삶. 편안하고 빠른 이 삶과는 달리, 인간은 불편함과 지루함, 심지어 고통조차도 의미 있게 받아들이며 살아온 존재다. 불과 십몇 년 전만 해도 지하철에는 책과 신문을 읽는 사람들로 가득했다. 밤이 되길 기다렸다가 라디오에서 흘러나오는 음악에 귀를 기울이고, 정성스럽게 쓴 편지를 우체통에 넣고 소식이 전달되기를 기다리던 것도 그리 오래전 일이 아니다. 인간은 찬찬히 무언가에 집중했고, 무언가를 기다렸고, 오래 걸려 마음을 주고받았다. 유튜브, 인스타그램, 넷플릭스가 없던 시절에도 마음을 채우는 것들은 늘 존재했다.

우리가 도파민의 힘에 따라 계속 즐거운 것을 추구하면서도 공허해지는 이유는, 인간이 단순한 쾌락만으로는 충만해지지 않는 존재이기 때문이다. 심리학자 폴 블룸 예일대 교수는 이를 '스위트 스팟sweet spot'이라는 단어로 설명한다. 스위트 스팟이란 원래 골프나 테니스 등을 칠 때 공이 맞으면 가장 잘 날아가는 부분을 말한다. 그가 말하는 우리 삶의 스위트 스팟은 쾌락과 고통이 정교하게 균형을 이루는 최적점을 의미한다.

인간은 고통과 함께 의미를 빚어낼 때 아주 깊은 만족감과 충만감에 이른다. 마라톤을 뛸 때 다리가 아프고 숨이 차지만, 결승선을 통과했을 때의 감정은 단순한 쾌락이 아니라 '온 힘을 다해 이뤄 낸 성취'라는 깊은 감각이다. 산을 오를 때도 마찬가지다. 정상에서 느끼는 뿌듯함은 차를 타고 쉽게 정상에 올랐을 때 느끼는 기분과는 확연히 다르다. 이런 일들은 우리 삶에 무수히 많다. 처음 떠난 배낭여행에서 발에 물집이 잡히도록 걷고, 악보 위에서 수십 번 손이 꼬이면서도 긴 연습을 이어 가고, 밤을 새워 논문을 완성한다. 또 누군가를 사랑하면서 상처받고, 아이를 키우며 잠 못 이루는 밤을 견딘다. 그런 불편하고 고통스러운 순간들이 합쳐진 기쁨은 깊고, 잊을 수 없는 행복을 남긴다. 폴 블룸은 이것이 바로 우리 삶의 스위트 스팟이라고 말한다. 무조건 편하거나 항상 즐거운 상태가 아니라, 의미 있는 고통이 어우러졌을 때 '아, 이게 바로 행복이지'라고 말할 수 있는 순간이 찾아오는 것이다.

결국 우리 삶을 가장 멀리, 가장 깊게 나아가게 해 주는 동력은 아무런 고통이 없는, 끝없는 쾌락의 상태가 아니다. 로또로 일확천금을 얻거나 매일 넷플릭스를 보며 배달 음식만 먹을 수 있다고 해도, 그 일상이 우리를 완전히 만족시킬 수는 없다. 매일 즐겁고 편안하게 소비하는 하루하루, 그 삶의 끝에서 '그래, 내 인생 참 괜찮았지, 참 잘 살았어'라고 말할 수 있을까.

폴 블룸은 이에 동의하지 않았다. 진짜 충만함은 고통을 감내할 만큼의 이유와 추구할 만한 가치가 함께 있는 지점에서 발견된다고 강조했다. 그래서 우리는 방향을 바꿔야 한다. 당장 눈앞의 쾌락이나 편안함이 아니라 더 충만한 삶을 향해.

내 삶의 '스위트 스팟'을 찾기 위한 연습

앞서 밝혔듯, 나는 여전히 피로감이 높은 날이면 평소보다 훨씬 자주 스마트폰을 집어 든다. '피곤하니까 얼른 샤워하고 자야지'라고 생각하면서도 화장실에 들어가서 스마트폰을 보는 식이다. 그렇게 온갖 콘텐츠를 소비하며 할 일을 미루고 나면, 결국에는 임박해서 해치워야 하는 일들이 쌓인다. 그런데 이렇게 급하게 처리한 일들은 대개 더 큰 피로를 남긴다. 그래서 또다시 스마트폰을 찾게 만든다. 이 반복되는 악순환을 끊기 위해서는 단순한 의지가 아니라 일상을 천천히, 균형 있게 돌아가게 만드는 지혜가 필요하다.

우선 지금 내가 어떤 상태에 있는지, 무엇을 반복하고 있는지 관찰한다. 계속해서 도파민에 이끌려 어딘가로 달려가려고 하는 자신을 확인했다면, 이제 의도적으로 '지금 여기'에 머물러야 한다. 계속 어딘가로 튀어 나가려는 마음을 붙잡아 '괜찮아, 여기 머물러도 돼'라며 달래야 한다. 연습은 모든 걸 가능하게 한다. 나는 이것을 '지금 여기에 머무르는 연습'이라고 부른다. 그중에서도 내가 자주 사용하는 방법이 하나 있다. 바로 지금 이 순간이 완전하다고 가정하는 것.

우리는 보통 무언가가 부족하다고 느끼기 때문에 자꾸 무언가를 갈구하고 어디론가 달려간다. 그런데 만약 지금 완벽하다면 어떨까? 더 이상 다른 무언가를 좇을 필요가 없다. SNS를 켜고, 쇼츠를 넘기고, 쇼핑몰을 돌아다니는 것은 결국 지금 만족스럽지 못하다는 증거다. 그렇다면 아주 잠깐만이라도 눈을 감고 상상해 보자. 내가 완벽하게 충족된 상태라고, 부족한 것들이 다 채워져 있다고 상상해 보는 것이다. 충분히 똑똑하고 충분히 능력이 있고 원하는 만큼 돈이 있어서 더 채워야 할 필요가 없다면? 좋은 집과 따뜻한 사람들이 곁에 있고, 사랑과 일이 순탄하다면? 그렇다면 지금 나는 무엇을 하고 싶을까? 내게 주어진 일을 어떤 마음으로 하고 있을까? 그저 여기에 있고 싶지 않을까? 지금의 일에 충분히 마음을 담아서 하지 않을까? 여기를 충분히 누리지 않을까? 여기가 천국인데 다른 곳을 기웃거릴 필요가 있을까? 무언가를 조급하게 하지 않아도 되는 가장 완벽한 상황 속의 나를 떠올리고, 그 상상을 통해 마음을 이완시키고 여기에 머물러 보자. 진짜 행복은 다른 먼 곳이 아니라 바로 지금 여기에 있음을 믿고 경험해 보는 연습이다.

힘들어도 의미 있는 일을 천천히 쌓아 올리는 삶

내게는 책을 쓰는 일이 가장 의미 있는 일이다. 좋아하며 잘하고 싶지만 그만큼 어렵다. 아니, 때때로 고통스럽다. 세 권의 책을 출간해 봐서 책 한 권 완성한다고 큰돈을 벌지 않는다는 것도, 또 완성까지의 과정이 얼마나 지난하고 고된지도 잘 알고 있다.

오래 천천히 쌓아 올리는 일. 힘들고 가끔은 무모해 보이기까지 하는 이 길을 나는 오늘도 느리게 걷는다. 아마 이 책을 읽고 있는 당신에게도 꼭 해내고 싶은 자기만의 숙제가 있을 것이다. 좋아하고 의미 있고 보람될 만한 무언가가 말이다. 하지만 보통 그런 건 빠르고 쉽게 이루어지지 않는다.

'신은 가난한 사람을 기쁘게 하고 싶을 때 먼저 그에게 당나귀를 잃게 한 다음 다시 찾게 한다'라는 보헤미안 속담이 있다. 손쉽게 얻은 즐거움은 금세 공허해진다. 하지만 시간을 들여 찾아낸 것은 오래 남아 마음을 채운다. 어쩌면 우리에게 필요한 건, 모든 것을 쉽게 얻는 삶이 아니라 잃고, 헤매고, 다시 찾아내는 그 과정 자체일지도 모른다. 그리고 그 과정을 기껍게 수행하는 것이 우리가 누릴 수 있는 최선의 즐거움이 아닐까.

도파민을 유발하는 단기 자극으로부터 당신의 뇌를 잘 지켜 의미 있는 일을 꾸준히 쌓아 올릴 수 있기를. 그런 고단한 걸음들이 모여 결국 당신 삶의 가장 깊은 스위트 스팟이 되어 줄지도 모르기 때문이다.

05

인간관계가
피곤하다는 이유로
좋은 사람들까지 놓친 것

'애써야 유지될 수 있는 관계라면, 그 관계는 오래가기 어렵다.' 이 간단한 사실을 깨닫는 데 상당한 시간이 걸렸다. 지금도 인간관계는 나에게 어려운 영역이지만 20대에는 훨씬 더 서툴렀다. 그 결과 20대 후반 즈음, 나는 자발적으로 많은 사람과 멀어졌다.

고등학교 친구들을 포함한 고향 친구들, 대학에서 만난 친구들, 성당에서 함께 청년 활동을 한 사람들 등등, 20대 중반을 넘어서자 내 휴대 전화에는 셀 수 없이 많은 사람의 연락처가 생겼다. 내 자취방에 자주 찾아오거나 자고 가는 친구들도 많았고, 엄마도 자주 올라오시는 편이었으니, 나는 늘 누군가와 함께인 셈이었다. 친구들은 불쑥 전화를 걸어 고민 상담을 해 왔고, 거의 매일같이 통화하는 엄마는 우울하거나 화가 나는 일이 있을 때마다 자주 감정을 쏟아 내듯 털어놓으셨다.

그러다 개인적으로 여러 일들이 겹쳐 마음이 지쳐 가던 어느 날, 친구를 만나고 돌아오는 버스 안에서 문득 나를 찾고 싶다는 마음이 강하게 올라왔다. 주변에 그렇게 많은 사람이 있어도 사무치게 외로울 수 있다는 것을 그때 알았다. '아, 수많은 인간관계 속에 정작 '나'는 없었구나.' 힘들 때 나를 찾는 사람들은 많았지만, 정작 내가 힘들 때 기대고 싶은 사람은 없었다.

그간 나의 관계를 찬찬히 돌아보았다. 나는 늘 사람들에게 애쓰고 있었다. 힘이 들어가 있었다. 무얼 위해? 가족에게든 친구에게든 힘이 되고 싶었고, 그들의 고민이 해소되거나 기분이 나아지기를 바랐다. 그 마음을 조금 더 들여다보았다.

왜 나는 바쁜 일이 있을 때도 전화를 끊지 못하고 타인의 이야기를 몇 시간이고 들어 주었을까? 왜 거절하지 않고 타인이 원하는 대로 최대한 맞춰 주려고 했던 걸까? 물론 진심에서 우러나온 행동들도 있었지만 그럼에도 그 관계가 편하지 않았다. 나는 왜 그토록 애를 썼던 걸까.

그러자 분명해졌다. 나는 그들과의 관계 안에서 내 존재감을 느끼려고 했던 것이다. 다른 사람들이 나에게 의지할 때, 나는 꽤 단단한 사람인 척했지만 실은 그 반대였다. 나는 다른 사람들에게 '좋은 사람'으로 비치는 내 이미지에 의존하고 있었다. 사람들의 말을 잘 들어 주고 힘들 때 위로해 주는, 그런 단단한 사람의 가면을 쓰고서 '이게 나야, 나 꽤 괜찮은 사람이지?' 하며 내심 만족스러워했는지도 모르겠다. 나는 은연중에 내가 그런 이미지로 있을 때 괜찮은 존재가 된다고 믿고 있었다. 그러니까, 사람들의 기대를 충족시키려고 했던 건 내 존재를 지키려는 노력이었다. 물론 그건 생각 속의 존재, 즉 허구였을 뿐이지만. 주변 사람들을 실망시키기 싫거나 미움받기 싫었던 것은 그에 따르는 부수적인 욕구였다.

인정하고 싶지 않지만 나는 사람들에게 좋은 사람이 되었던 게 아니라 '좋은 사람으로 보이는 것'에 취해 있었다. 나는 진실하지 못했다. 그리고 나를 찾고 싶다는 어떤 날의 욕구가 말해 주듯, 그 존재감을 위한 노력은 결국 '진짜 나'를 잃어버리게 했다. 인간관계에서 계속 애쓸수록 관계는 오히려 불편해졌고, 진실한 나 자신에게서도 멀어졌다. 애써야 유지될 수 있는 관계라면 오래가기 어려운 게 당연하다. 나는 나의 애씀을 인정하며 '가짜 나'를 내려놓았다.

아니, 더 이상 가면 놀이를 할 수 없을 정도로 나를 몰아붙이고 나서야 힘이 툭 하고 빠져 버렸다. 자연스럽게 사람들과 멀어졌다. 가족과 몇몇 친구들이 서운함을 표현했고 때론 비난을 던졌다. 한동안은 그런 반응들에 대한 죄책감을 소화시키는 게 큰 과제였다.

자의식 과잉, 모든 인간관계의 적

이런 성찰이 조금 더 명확해진 것은 최근에 만난 내담자를 통해서였다. 두 아들의 엄마이기도 한 S 씨는 주변 사람들 사이에서 상당히 재밌고 쾌활한 사람이었다. 그녀는 지역 공동체 활동을 적극적으로 하고 있었는데, 그 안에서 고충이 많았다. 사람들은 S 씨가 분위기 메이커라며 좋아했지만, 그것이 그녀의 진실한 모습은 아니라는 것을 상담하면서 차차 알아 갔다.

S 씨의 그런 모습은 누군가 자신을 아무런 쓸모 없는 사람으로 여길까 봐 두려워하는 감정에서 비롯되었다. 그녀의 두려움은 반 친구들에게 왕따를 당한 초등학생 시기로 거슬러 올라갔다. 그녀는 없는 사람 취급을 당하는 비참한 기분을 아느냐고 내게 물었다. 그러고는 말없이 한참을 울

었다. 얼마나 괴로웠을까. 그 기분을 어떻게든 피하고 싶어 피곤하고 우울한 날에도 늘 밝고 씩씩한 모습을 보여 줬을 한 여자의 모습이 그려져 마음이 아팠다. 그녀는 다른 어떤 것보다 존재감 없는 사람, 아무도 불러 주지 않는 사람이 되는 것이 두려웠단다. 어떤 날은 친하게 지내던 이웃이 이사 가고 난 후 연락이 없자 서운함 이상으로 아픔과 분노가 올라왔다고 했다. 그럴수록 공동체 활동에서 더더욱 도드라지기 위해 무리해서 역할을 도맡고, 사람들을 나서서 챙겼다. 그러다 '모든 사람이 알아주는 나' 연극에 지쳐 갈 때쯤 상담을 요청했던 것이다.

누구에게나 타인의 영향력은 어마어마하다. 나의 자아상에는 기본적으로 타인의 시선이 포함된다. 미국의 사회학자 찰스 호튼 쿨리는 이를 거울 자아looking-glass self라고 표현했다. 그에 의하면 나는 그저 '내가 생각하는 나'가 아니다. 우리는 타인이라는 거울을 통해 나를 이해한다. 즉 '타인이 나를 이런 사람이라고 생각하겠지'라고 추측하는 나인 것이다. 간단히 정리해 보자.

A 나 ≠내가 생각하는 나

B 나 ≠타인이 생각하는 나

C 나 ='타인이 생각하는 나'라고 생각하는 나

B와 C가 혼동될 텐데, 우리는 당연히 타인이 나를 어떻게 생각하는지 정확히 알 수 없다. 타인의 머리를 열어 그의 생각을 들여다볼 수 없기 때문이다. 그저 타인의 생각을 추측할 수 있을 뿐이다. 그래서 자아상에 포함되는 타인의 시선 역시 실제 타인의 평가가 아니라 '그가 나를 이렇게 생각하겠지'라고 추측한 나이다.

타인의 시선과 반응을 통해 나 자신을 인식하는 것이 일면 놀랍지만, 어떻게 보면 아주 자연스럽다. 우리는 태어날 때부터 죽을 때까지 늘 관계 속에 있으므로 완전히 독립되어 존재할 수 없기 때문이다. 그럼에도 불구하고 요즘은 '타인의 눈에 비친 나' 이미지에 몰두하는 경향이 지나치리만큼 강해지고 있다. SNS를 통해 나를 보여 줄 수 있는 통로가 많아지면서 '보이는 나'를 의식하기 쉬운 환경이기 때문이다. 과잉이 아닌 것을 찾기 힘든 시대이지만, 그중에서도 자의식 과잉을 빼놓을 수 없을 것 같다.

물론 자기표현의 기회가 많아진 데에 긍정적인 측면도 많다. 중요한 건, 그 표현이 자신의 일부이긴 하지만, 그것이 곧 나 자체는 아니라는 데 있다. 나아가 '이렇게 하면 남들이 나를 좋아하겠지?', '이렇게 하면 무시하지 않겠지?' 하는 굴레에 빠지는 순간, '나=보여지는 모습'이라는 착각 속에 살아가게 된다. 진짜 나와는 멀어지고, 텅 빈 자신을 데리고 살아야 한다. 당연히 사람을 만날 때마다 힘이 들어가게 되고 피곤해진 나머지 제풀에 지쳐 쓰러진다. 내가 어떻게 보이는지에 빠져 있는 사람의 인간관계는 이렇게 끝나기 십상이다.

만일 내가 다시 그때로 돌아간다면

물에 비친 자기 모습만 바라보다가 호수에 빠진 신화 속 나르키소스처럼, 어쩌면 우리는 인간관계 속에서 오로지 나에게만 집중하다가 소중한 사람들을 놓쳐 버리는 게 아닌가 싶다. 관계가 주는 즐거움은 내가 반짝인다고 해서 오지 않는다. 타인과의 풍성한 대화 속에서, 서로의 기쁨과 슬픔을 나누면서 자연스럽게 일어나는 공감과 위로 안에서, 서로의 빈 곳을 채워 주고 도움을 주고받으며 느껴지는 연결감에서 온다. '나만 멋지면 돼, 나만 좋은 사람이면 돼, 나만 잘나면 돼'가 아닌, 주변 사람의 건강과 안녕을 빌어 줄 때 그 넉넉함에서 오는 기쁨은 결코 바닥나지 않는 생의 에너지가 된다.

만일 내가 자발적으로 사람들과 멀어졌던 20대 후반으로 다시 돌아갈 수 있다면, 인간관계가 피곤하다는 이유만으로 사람들을 밀어내지는 않았을 것이다. 무슨 일이 있느냐며 연락해 온 친구들에게 아무 말 없이 거리를 두는 대신 "요즘 개인적으로 많이 지쳐 있어서 혼자 정리할 시간이 필요해"라고, 서툴더라도 진실하게 말해 보려 했을 것 같다. 힘들다면 힘들다고 말해 볼 것 같다. 지금의 나는 안다. 그때의 나는 관계가 주는 부담만 보았지만, 어쩌면 그 연결감이 나를 다시 일어서도록 도와주었을지도 모른다는 것을. 그리고 내가 그들에게 늘 좋은 사람이어야 한다는 강박을 내려놓고 가면을 벗은 모습을 보여 줬더라도 결국 남을 사람들은 내 곁에 남았을 것이다. 잠시 서먹했더라도 그 시간을 지나 오히려 더 단단해진 관계도 있었을지 모른다. 마흔이 되어 돌아보니 좋은 사람들은 진실할 수 있었기에 남는다는 사실을 이제야 조금 알 것 같다.

그렇기에 당신에게도 묻고 싶다. 지금 당신은 어떤가? 당신은 관계 속에서 편안함과 좋은 감각을 자주 느끼는가? 너무 힘들지는 않은가? 부디 '나'의 이미지만 커져 있고 불안감과 불편감만 늘어나 있는 관계가 아니기를 바란다. 나와 타인을 지킬 수 있는 건강한 거리 안에서 진실한 관계를 이어 가기를.

06

나를 믿어 주지 못하고
다그치기만 한 것

가족여행을 갔던 어느 봄, 여행 이튿날부터 아이가 갑자기 열이 나기 시작했다. 항상 쌩쌩했던 아이는 축 처져서 밥도 먹지 못했다. 해열제를 먹이면 좀 나아졌다가도 다시 열이 오르기를 반복하며 꼬박 나흘을 보냈다. 여행이 끝나 갈 즈음 아이는 컨디션을 회복했고, 그제야 남편과 나는 안도하며 서로 고생했다고 격려했다.

그때 긴 대화를 나누며 알게 된 사실이 있다. 아이가 앓는 동안 나는 나대로, 남편은 남편대로 자책하며 괴로운 시간을 보냈다는 것이다. 나는 '엄마가 살뜰히 살피지 못해서 아이가 아픈 거야'라며 먹을 것이나 입을 것을 더 잘 챙기지 못한 점을 문제 삼고 있었고, 남편은 남편대로 '아이가 원하지도 않은 여행을 와서는 애만 고생시키네'라는 비난의 목소리를 듣고 있었다.

그도 나도 자신에게 엄격한 건 알고 있었으나, 언제나 이런 식으로 스스로를 벌준다는 점이 더 안타까웠다. 아이가 아프면 그것만으로도 고생스러운데, 거기에 스스로에게도 혼나고 있었으니 둘 다 감정 소모가 심했을 것이다. 그때 약속했다. 실수나 예상치 못한 일 앞에서 서로를 비난하는 말은 하지 말자고. 자신에게 이미 모진 소리를 듣는 사람들이니, 구태여 잔소리를 보태지 말자는 뜻이었다. 혼나는 건 한 번으로 충분하다.

우리 부부가 그랬듯, 많은 사람이 통제할 수 없는 일들 앞에서 자신부터 비난한다. 불합격, 취업 실패, 승진 탈락 등 일이 마음처럼 풀리지 않을 때, 그 자체로 속상한 일이건만, 우린 격려보다 채찍을 든다. 설령 실수를 저질렀다고 해도 그렇다. 어른이 되었다고 해서 어떻게 모든 일을 다 잘할 수 있겠는가. 여전히 서툴고 실수투성이다. 완벽할 수 없는 게 바로 인간이다.

그런 필연적인 불완전성에도 불구하고 스스로 다그치고 비난하는 것이 어쩔 수 없는 우리의 운명인 걸까. 지금까지 상담을 하며 만났던 내담자들은 제각기 다른 문제를 안고 있었지만, 공통점이 있다면 그런 어려움을 겪는 자신을 미워한다는 사실이었다. 우울감으로 힘들어하는 사람도, 번아웃으로 무기력한 자신을 마주한 사람도, 인간관계에서 상처를 받은 이도, 그렇게 아파하는 자신을 안쓰러워하기보다는 한심해하고 답답해했다. 왜 남들처럼 쉽게 넘어가지 못하냐고, 왜 더 강해지지 못하냐고 모질게 혼내고 급기야 자신을 혐오했다. 그렇게 되면 우울감은 더 깊어진다.

자기 비난, 나아가 자기혐오는 내면의 목소리 중 하나로, 내 안에 떠오른 수많은 생각 중 하나이다. 즉 사실이 아니라 허구라는 뜻이다. 그런데 이 목소리가 너무 크고 강력해지면 생각을 사실로 믿어 버린다. 정말로 자신을 문제투성이, 형편없는 사람, 극단적으로는 태어나지 말았어야 할 쓸모없는 존재로 여기게 되고, 그러한 인식은 삶을 더욱 무겁게 만든다.

사람은 다그친다고 해서 더 잘하지 않는다

자신을 비난하는 목소리에 지지 않기 위해서는 그것이 어디서 왔는지 이해할 필요가 있다. 첫 번째는 자신에게 매우 익숙한 목소리인 경우이다. 성장 과정에 반복해서 들었던 비난이라면, 같은 방식으로 자신을 대하기 마련이다. 부모나 조부모, 학창 시절의 선생님 등으로부터 지속적으로 들었던 말들은 스스로를 대하는 하나의 방식으로 자리 잡는다. 나를 혹독하게 비난하던 존재들과 어른이 되어 거리를 두어도, 여전히 그들에게 영향을 받는 이유가 여기에 있다. 외부에서 들리던 목소리가 쌓여서 내부에서 자동 재생되는 것이다.

두 번째는 사회 환경과 문화적 메시지의 영향이다. 자신을 관대하고 너그럽게 대하는 사람을 찾기가 더 힘들 정도로, 우리 문화에서는 사람들 대부분이 자기 자신에게 지나치게 엄격하다. 계속해서 부족한 점에 포커스를 맞추며 자신을 몰아붙인다. 느긋해 보이는 사람들도 속 얘기를 들어 보면 내면의 잔소리를 듣느라 죄책감을 느끼고 있다. '왜 남들처럼 열심히 살지 못할까.' 몸은 쉬고 있지만 늘 불안해하고, 자기 비난의 목소리와 싸우는 데 힘을 다 써 버려 무기력해진 경우도 많다.

그런 안타까운 모습의 배경에는 경쟁 사회와 능력주의가 자리한다. 어려서부터 남들보다 앞서야 한다는 메시지를 암암리에 들어 온 우리는 남들보다 뒤처질까 봐 두려워하는 마음이 강하다. 그래서 자신이 평균에 미치지 못하는 기분이 들 때마다 스스로에게 더 치열해지라고 다그친다. 심리학자 알프레드 아들러는 사람들이 사회적 기대나 기준에 부응하려고 노력하는 과정에서 자기 비난적이 되거나, 자신에게 지나치게 엄격해질 수 있다고 이미 백여 년 전에 경고한 바 있다.

이런 사회 분위기에서 자란 사람들이 스스로에게 너그럽다면 그게 더 이상하지 않겠는가. 하지만 이제는 지나친 엄격함과 자기 비난이 효과적이지 않다는 것을 인정해야 할 때다. 이미 많은 사람이 우울증과 번아웃으로 힘들어하고 있고, 불안 증상과 공황장애를 겪는 환자들도 나날이 늘고 있다. 물론 자신을 채찍질한 덕에 겉으로는 이룬 게 많아 보일지도 모른다. 그러나 자기를 비난하고 혐오하는 방식이 아니어도 그에 못지않은 결과를 얻을 수 있다면 어떨까. 자기 자신에게 만족하면서도 괜찮은 성취를 거둘 수 있다면, 우리는 그 길을 택해야 하지 않을까.

우리를 더 멀리 더 오래 나아가게 하는 힘

자신을 유난히 엄격하게 대하고, 쉽게 비난하는 내담자

들에게 나는 '속는 셈 치고' 자신을 친절하고 따뜻하게 대해 보라고 말한다. 굳이 '속는 셈 치고'를 붙이는 이유는 친절이 익숙하지 않은 이들에게는 자기를 너그럽게 대하는 일이 몹시 거부감을 일으키기 때문이다. 그들은 자신에게 따뜻해지거나 관대해지면 자신이 한없이 게을러지거나 해야 할 일을 소홀히 할까 봐 염려한다. 혹독해져야만 원하는 것들을 이룰 수 있다고 느끼기 때문이다. 자신을 밀어붙여도 쉽지 않은데, 느슨하게 둔다면 영영 뒤처질까 봐 두려워한다. 충분히 이해되는 마음이다.

하지만 자신에게 친절하고 너그러울 때 오히려 개인의 성장과 발전이 촉진된다는 연구들이 많다. '자기 자비'를 연구한 미국의 크리스틴 네프 교수는 자신을 자비롭게 대하는 태도가 우울, 불안, 스트레스와 같은 부정적인 정서 상태를 줄여 준다고 말한다. 자신을 따뜻하게 대하는 태도는 스스로를 긍정적으로 인식하게 하므로 일과 삶을 건강하게 운용하는 힘이 된다. 게다가 자신을 비난하기보다 친절하게 대할 때 더 효과적으로 동기 부여가 되어서 더 나은 성과를 내도록 돕는다는 연구도 있다. 실수나 실패 앞에서 더 빨리 회복하므로 다시 시도할 수 있고, 이는 곧 앞으로 나아가는 큰 동력이 된다.

오래전, 힘들게 대기업에 취업한 친구가 몇 달 지나지

않아 일이 너무 힘들어서 관두고 싶다고 아버지에게 조심스럽게 전화를 걸었다. 그때 그녀의 아버지는 이렇게 말했다. "힘들면 그만둬. 아직은 아빠가 너 먹여 살릴 수 있어. 걱정 마." 친구는 그 말에서 다음 날 출근할 힘을 얻었고, 그렇게 지금까지 15년 넘게 출근하고 있다.

친구는 아직도 일을 때려치우고 싶은 날이면 아버지의 따뜻하면서도 단단한 목소리를 떠올린다고 한다. 어쩌면 그때 아빠가 "버텨! 정신 차려. 입사한 지 얼마나 됐다고 징징거리는 거야. 다들 그 정도는 견디고 다녀"라고 했다면 어땠을까. 그 말은 이미 친구가 스스로에게 수백 번도 더 했을 것이다. 정신 차리라고, 어떻게든 견디라고, 그게 어른이라고. 하지만 그런 말은 전혀 도움되지 않았다.

어떻게 그만두라는 말이 계속할 힘을 준 걸까? 나는 이것이 바로 따뜻한 태도의 힘이 아닐까 짐작해 본다. 그 당시 친구는 일이 익숙지 않아 힘들었을 테고, 선배에게 잔뜩 혼나서 위축되었을 것이며, 무엇보다 능숙하지 못한 자신이 못나 보였을 것이다. 그런데 아버지의 짧은 말속에는 능력과 상관없이 자신이 귀한 존재라는 사실과 자신이 너무 힘들어하지 않기를 바라는 진심이 담겨 있었다. 그 말이 친구를 다시 일으켰다. 이렇듯 자신을 믿고 격려하면 어려운 순간을 지혜롭게, 또 끈기 있게 건너갈 수 있다.

친구의 아버지가 전한 짧은 메시지는 우리가 우리 자신에게 지녀야 하는 태도이기도 하다. 부족함, 잘못, 실수만 골라 다그친다고 해서 더 만족스러운 내가 되지 않는다. 많은 이들이 경험했듯 자존감만 떨어져 하고 싶은 일조차 쉽게 포기하게 된다. 그러나 능력과 상관없이 가치 있는 존재로 나를 대하면, 건강하고 씩씩하게 살아갈 수 있을 뿐만 아니라 필요한 때 적절히 나를 밀어붙일 수도 있다.

너그러워지면 한없이 게을러질까 봐 걱정하는 당신에게

자신과 타인에 대한 자비심을 다룬 책 《두려움 없는 마음》에서는 자기혐오가 자신을 돌보고자 하는 본성과 그 뿌리가 같다고 말한다. 혐오도 일종의 관심인데, 관심이 없으면 미워할 필요조차 없기 때문이다. 그러니까 자기혐오는 자신에게 지나치게 신경을 쓰지만, 자신의 불완전한 면을 받아들이지 못하는 상태다.

우리는 실은 누구보다 스스로가 잘되기를 바란다. 그리고 그 밑바탕엔 자신에 대한 사랑이 있다. 다만 엉망이 될까 봐 두려워서 날카롭게 자신을 검열하는 것뿐이다. 마치 엄격한 부모가 "다 너 잘되라고 그러는 거야"라면서 매번 지적하고 회초리를 드는 것처럼. 그러나 우리 모두 경험했듯, 그런 부모 아래에서 아이는 주눅이 들 뿐이다.

나도 여전히 내 안에서 비난하는 말을 듣는다. 글이 기대만큼 잘 써지지 않을 때면 어김없이 따가운 말들이 들린다. '고작 이런 글을 쓰겠다고 앉아 있어?' '이렇게 형편없이 할 거면 때려치워.' 마치 언제든 나를 기죽일 준비가 되어 있는 것처럼 작은 부족함도 놓치지 않고 야단을 친다. 그럴 때면 잠깐 심호흡을 한다. 그리고 잔소리하는 엄격한 자아에게 말한다.

"그래. 걱정되는 마음 잘 알아. 내가 이 책을 망칠까 봐 두려운 거지? 욕을 먹을까 봐 두렵지? 하지만 지금까지 그래 온 것처럼 결국엔 잘할 거야." 조금 부족해도 괜찮다는 격려를 통해 나는 이 글을 마무리할 힘을 얻었다.

부족하고 불완전한 자신을 데리고 사는 것. 이는 우리 모두에게 큰 과제다. 그리고 이제는 자신을 대하는 방식에 대전환이 필요한 때라고 생각한다. 나 자신을 친절하고 따뜻하게 대할 수만 있다면 우리는 훨씬 즐겁고 행복할 수 있을 뿐만 아니라 더 멀리, 그리고 더 오래 나아갈 수 있기 때문이다.

07

오늘의 행복을
뒤로 미룬 것

직장 생활을 하는 동안 가장 좋아했던 요일은 토요일도, 금요일도 아닌 목요일이었다. 금요일은 주말을 앞둔 날이라 행복했고, 금요일이 코앞이라는 이유로 목요일은 더 행복했다. 《어린 왕자》에 "네가 오후 네 시에 온다면 나는 세 시부터 행복해질 거야"라는 말이 나오는데, 아마 나는 두 시부터 행복해질 수 있는 사람이었나 보다. 그러나 어김없이 주말은 끝났고 월요일이 찾아왔다. 내가 기다린 즐거움은 결국 어느 시점이 되면 신기루처럼 사라졌다.

내가 쉬는 날도 아닌 목요일부터 신났던 이유는 무엇일

까. 앞서 설명한 도파민이라는 신경전달물질 덕분이다. 뇌에서는 즐거운 일을 기대할 때 도파민이 분비되어 쾌감을 느끼게 한다. 그래서 예감만으로 힘이 나고 기분이 좋은 상태가 되는 것이다. 야식을 기대하며 배달 앱을 탐색하거나 여행 계획을 짜는 동안 즐거운 기분이 드는 것도 도파민 덕분이다.

하지만 배달받은 음식이 맛이 없거나, 예상치 못한 날씨나 피로감으로 여행이 실망스러울 때도 있다. 기대만큼 음식이 맛있고 여행이 재밌더라도 언젠가 끝나기 마련이다. 목요일의 설렘이 일요일 저녁의 우울로 이어질 수밖에 없었던 내 경우처럼 말이다. 결국 기대는 실망으로 이어질 수밖에 없다. 그런 실망감을 다시 기대감으로 바꾸기 위해 우리는 더 맛있고 더 재밌는 경험을 찾는다.

그런데 이런 기대와 실망의 반복을 행복이라 부를 수 있을까? 행복은 생각보다 설명하기 복잡하다. 즐거운 감정을 느끼는 것과 행복한 삶을 산다는 건 상당히 다르기 때문이다. 만약 즐거움을 행복으로 착각한다면 우리는 더 맛있고 더 화려하고 더 자극적인 것을 향해 끝없이 질주하는 삶을 살게 될지도 모른다.

행복해지겠다는 결심이
함정일 수도 있다

우리는 모두 저마다 행복을 좇으며 살고 있다. 더욱이 행복이야말로 진정한 삶의 목표라는 이야기도 심심치 않게 들린다. 그런데 도대체 행복이란 무엇일까? 이에 대해 심리학자 서은국 교수는 통념과는 다른 설명을 내놓는다. 인간의 유전자는 행복해지는 법을 모른다는 것이다.

그는 저서 《행복의 기원》에서 행복감을 생존과 번식에 유익한 행동을 하도록 유도하는 신호라고 정의했다. 음식을 먹었을 때의 만족감이나, 사람들과 관계를 형성하면서 느끼는 유대감이 그렇다. 먹는 것도, 좋은 관계를 통해 사회적 지지를 받는 것도 생존에 유리한 행동이다. 행복감을 느끼면 그 행동을 반복할 가능성이 높아진다. 즉 행복이라는 '느낌'은 우리가 생존에 유리한 행동을 하도록 돕는 메커니즘의 일부이다. 그래서 서은국 교수는 특정한 행동을 했을 때 자연스럽게 행복감이라는 보상이 따라오는 것일 뿐, 목적이 돼서는 안 된다고 말한다.

요즘 행복을 위해선 먼저 성취해야 하는 일들이 있다고 생각하는 사람들이 많다. 이를테면 우선 안정되고 탄탄한 직업을 가지고, 그다음에는 내 집을 마련한 후 최종적으로는 파이어족이 되어야 행복할 수 있을 거라 기대한다. 그리고 수많은 조건이 붙은 행복을 쟁취하기 위해 오늘을 견딘다. 살아가며 자연스럽게 행복감을 느끼는 것이 아니라, 미래의 행복이 현재의 삶을 압도해 버리는 아이러니한 상황이 발생하는 것이다.

이렇게 행복이 삶의 목적이 되면, 우리는 두 가지 방식으로 불행해질 수 있다. 첫째, 행복의 조건을 갖춰도 원하던 행복에 이르기는 어렵다. 대기업에 입사하고 내 집 마련에 성공한 다음에도, 심지어 파이어족이 되어도, 펼쳐지는 일상은 전과 크게 다르지 않다. 삼시 세끼 챙겨 먹고, 주변 사람들을 챙기고, 미래를 걱정하는 삶. 원하던 바를 이뤄 놓고도 기대하던 행복이 없으면 더 실망하고 허무해하기도 한다. 둘째, '지금 이 순간'이 부족한 것이 되고, 일상의 소소한 기쁨이 사라져 버린다. 얼마 전 SNS에서 이에 딱 들어맞는 글을 읽었다. '마지막에 웃는 놈이 이기는 줄 알았는데, 순간순간 자주 웃는 놈이 진짜 이긴 놈이었다.' 서은국 교수의 설명처럼 행복감이 생존에 유익한 행동을 한 결과로 느껴지는 감정이라면, 살아 있는 한 행복감을 느낄 순간은 천지에 널려 있다. 그런데 행복을 그럴듯한 무언가로 생각하는 한, 순간순간 느껴지는 자연스러운 행복감은 시시한 것으로 치부되고 만다.

행복에는 의외로
고통이 빠질 수 없다

지금 행복하지 않다면, 그 어떤 것을 손에 쥐어도 행복하지 않을 가능성이 높다. 조건이 붙는 행복은 그 조건을 만족시키면 잠시 행복해질지언정 금세 평상시와 비슷한 수준으로 돌아오거나 외려 허무감과 우울감을 남긴다. 그런 경우 사람들은 대체로 더 큰 행복을 가져다줄 만한 새로운 조건을 설정하고 그것을 이루려고 애쓴다. 즉 더 높은 지위, 더 많은 돈, 더 과시할 만한 것 등 강렬한 자극을 추구하는 '도파민 시스템'에 종속되는 것이다.

그런 쾌락의 함정에 빠지지 않기 위해, 스탠퍼드 대학 정신건강의학과 교수 애나 렘키는 의도적으로 고통을 추구하라는 처방전을 제시한다. 일부러 불편함을 감수하거나 고통을 겪는 상황에 자신을 노출시킴으로써, 장기적으로는 더 큰 행복과 만족을 느끼는 상태를 만들 수 있다는 것이다. 그녀가 권하는 고통의 예시는 격한 운동, 찬물 샤워, 금식 등이다. 건강한 고통을 의도적으로 경험하면 무뎌진 도파민 보상 체계가 회복되고, 일상의 작은 즐거움에도 기뻐할 수 있게 된다는 것이 그녀의 설명이다.

이렇게 이해하면 쉽다. 인간은 종종 큰 병을 앓은 후에야, 소중한 사람을 잃고 난 후에야, 평범한 날들을 잃어버린 후에야 별 볼 일 없는 일상이 얼마나 소중한지를 깨닫는다. 고통이야말로 평범한 행복을 발견하게 하는, '행복의 조건'이 되어 주는 셈이다. 그리고 애나 렘키가 제안한 격한 운동이나 찬물 샤워 같은 의도적인 고통이 아니어도, 우리 삶은 이미 수많은 고통으로 채워져 있다. 시련은 누구에게나 찾아오고, 인간이라면 모두 좌절이나 상처를 겪으며 살아간다. 하다못해 지옥철이나 만원 버스를 감내해야 하는 출퇴근길이 마냥 좋기만 할 사람이 누가 있겠는가.

그렇다면 그런 고통을 삶의 일부로 받아들이는 것만으로도 충분히 행복한 삶을 살아갈 수 있지 않을까. 추운 겨울날에는 따뜻한 집 안의 공기만으로도 감사한 마음이 든다. 지옥 같은 출근길을 뚫고 회사에 도착해서 내 자리에 앉았을 때 느끼는 안도감, 그리고 엄마가 차려 주는 밥을 먹지 못하는 나이가 되어서야 깨닫는 집밥의 소중함과도 같다. 신기루 같은 행복 때문에 오늘이 초라해지는 날들이 아니라, 매일매일 작은 기쁨을 발견하고 무탈함에 감사하는 날들. 행복이 저 멀리 어딘가에 있지 않다는 것. 그것이 우리가 알아야 하는 행복의 전부일지도 모른다.

아이처럼 순간순간
그냥 행복해지는 법

나의 경우, 머릿속에서 아예 행복이라는 개념을 지워 버리는 쪽을 택했다. 행복해야 한다는 숙제로부터 자유로워지고 싶었다. 아이들을 보면 행복이라는 단어조차 모르면서도 어른들보다 훨씬 즐겁게 살아간다. 놀이터에서 노는 것만으로, 잠들기 전 엄마 품을 파고드는 것만으로, 좋아하는 친구와 장난치는 것만으로 그들의 삶은 충분하고 완전해 보인다. 우리 어른의 삶도 그럴 수 있다면 좋겠다.

행복이 특정 감정이나 삶의 목적이 될 순 없다고 말했지만, 행복을 하나의 감정으로 표현할 수 있다면 충만감이라고 할 수 있을 것 같다. 무언가 가득 채워진 느낌. 그리하여 더 바랄 게 없는 상태. 마음이 채워져 있을 때는 또다시 무언가를 소유해야 하거나, 성취해야 하거나, 남들로부터 인정받으려고 무리하면서 애쓰지 않는다. 이미 지금 이대로도 완전하기 때문이다.

마음이 내게 정말로 좋은 것들로 가득 채워져 있을 때, 우리는 더 이상 바랄 게 없는 상태가 된다. 그렇다면 '무엇으로 나를 채울 것인가?'야말로 중요한 질문이 되겠다. 좋은 질문은 좋은 답을 찾게 한다. 더 넓은 시야에서 '좋은 삶'

으로 향하는 자신만의 답을 찾다 보면 행복은 저절로 따라
올 터. 그러므로 굳이 행복에 연연하지 말고, 당신이 생각
하는 좋은 삶을 찾아보기를. 마음을 진정으로 채우는 자신
만의 답을 찾기 위해 올바른 질문을 던져 보기를 바란다.

Chapter 2

17년간 심리학을 공부하고 상담하며 깨달은 것

준비만 하다가
세월 다 보내는
완벽주의자들에게

대학 시절부터 직장 생활을 할 때까지 꽤 오 랜 기간 살았던 하숙집은 가파른 오르막길 중간쯤에 있었 다. 해 질 녘 그 언덕을 오를 때면 늘 느껴지던 감정이 있 다. 은근한 불안이었다. 항상 배경처럼 깔려 있던 그 감정 은 20대를 지나 30대의 어느 지점까지도 늘 함께했다.

내 안에서만 느끼던 그 감정을 현실에서 또렷하게 마주 하게 된 건 상담가로 일하면서부터다. 마주 앉은 내담자들 의 얼굴, 그리고 고민과 사연 속에서 익숙한 불안을 발견 하곤 했다. 많은 이들이 조급함과 두려움, 초조함과 같은 불편한 감정들로부터 해방되고 싶어 했다. 때로는 짜증과 분노로, 때로는 강박과 완벽주의로 나타났지만 그 모든 모습이 결국 불안의 또 다른 얼굴이었다. 겉으론 저마다 아무렇지 않게 살아가는 듯 보여도, 사실 그 아래에는 비슷비슷한 불안을 안고 있다. 우리가 서로의 속을 투명하게 들여다볼 수만 있다면, 서로 가엽게 여기며 기꺼이 이해할 수 있을 텐데.

불안은 본래 자연스러운 감정이다. 또한 위험을 인지하고 긴장을 높여 우리를 보호하려는 본능적인 반응이다. 불안이 없다면 교통사고에 더 쉽게 노출되었을 것이고, 가스불을 잠그지 않아 화재가 발생했을지도 모른다. 심지어 숙제도, 시험공부도 열심히 하지 않았을 것이다. 적당한 불안은 큰 탈 없이 살아가기 위해 꼭 필요하다. 하지만 이 유용한 기제가 적정 수준을 넘어 존재감이 너무 커지면 오히려 문제가 된다. 일상에 걸림돌이 될 정도로 불편해지면 불안장애로 진단되기도 한다.

요즘 우리의 불안은 정상적인 불안과 병리적인 불안, 그 중간 어딘가에 있는 듯하다. 특별한 이유를 꼽을 수는 없지만 늘 걸리적거리는 기분 상태. 병원에 갈 만큼은 아니지만, 그렇다고 아주 모른척할 수는 없는 불편한 마음과 함께 우리는 매일을 살아간다.

멋대로 흘러가는 세상과
뜻대로 되지 않으면 고통스러운 인간

어른이 된 우리는 웬만한 일들은 스스로 통제할 수 있다고 믿는다. 건강을 챙기고, 인간관계를 관리하고, 열심히 노력해서 목표를 이루고, 돈을 모아 필요한 것을 산다. 그러나 세상은, 삶은 얼마나 제멋대로인가. 열심히 살아 보려 했더니 건강에 이상이 생기고, 사람들과 잘 지내려고 애쓰는 와중에 갈등이 생기고, 애써 준비한 시험에서 똑떨어진다. 삶이 내 뜻대로 흘러간 적이 얼마나 있던가. 뒤통수를 치거나, 짓궂게 비껴 가는 게 삶이라면, 그 속에서 괴로움을 느끼는 건 당연한 반응일 것이다. 불확실성 그 자체인 세상과 내 뜻대로 흘러가길 바라는 인간이 충돌하면 두려움이 자라날 수밖에 없다. 그럼에도 의연하게 살아가려 애쓰지만, 흔들리는 나를 일으켜 세우는 건 여전히 어려운 일이다. 이렇듯 인간의 연약함을 마주할 때 떠오르는, 신학자 라인홀트 니버의 기도문이 있다.

바꿀 수 없는 것을 받아들이는 평온을,

바꿔야 할 것을 바꾸는 용기를,

그리고 이 둘을 분별하는 지혜를 주소서.

많은 이들이 한 번쯤 읽고 고개를 끄덕였을 기도문이다. 하지만 평범한 우리는 원치 않는 일들이 벌어질까 봐 불안해하고, 그 불안을 견디지 못해 계속 무언가를 통제하려고 한다. 상황을, 사람을 바꾸려고 애쓴다. 그래서 불안은 통제와 떼려야 뗄 수 없는 관계다. 불안한 사람은 애인을 통제하고, 불안한 부모는 아이를 엄격하게 통제한다. 하지만 신뢰하고 기다리는 관계의 힘이 훨씬 강하다는 것을 우리는 알고 있다. 아이는 부모가 다그칠 때보다 묵묵히 기다려 줄 때 더 건강하게 성장한다. 서로 통제하려 할 때보다 각자의 세계를 존중할 때 관계는 더 단단해진다. 마찬가지로 온갖 변수에 대비하려 할 때보다 상황을 유연하게 받아들일 때 삶은 조금 더 수월하게 흘러간다.

너무 오랜 시간을 준비만 하는 사람들

불확실성이 높아지는 세상과 내 뜻대로 풀려야만 마음이 놓이는 인간. 이 사이에서 불안은 일상이 되었다. 그런데 분명 우리가 이전보다 불안을 더 높게 느끼는 것도 사실이다. 뉴욕대 신경과학 및 심리학 교수 웬디 스즈키는 많은 사람이 자신의 스트레스, 불안, 우울을 이전보다 더 높은 수준에서 인식한다고 지적한다. 그리고 만성적이고 높은 불안은 결국 뇌 건강을 위협할 수 있다며 경고한다.

우리가 이전보다 불안을 더 크게 느끼는 이유 중 하나는, 불확실성에 대한 내성이 약해졌기 때문일 것이다. 이전에 비해 우리는 사회에 나가기 전까지 훨씬 더 긴 시간을 '준비'한다. 원시 시대의 아이들이 12세 즈음이면 채집과 사냥에 나서며 독립적으로 생존 기술을 익혔다면, 지금의 우리는 오랜 시간 부모와 학교라는 울타리 안에서 사회에 나갈 준비를 한다. 그러다 스무 살을 훌쩍 넘긴 후에야 비로소 사회라는 바다에 던져진다.

기나긴 준비 기간 동안 우리는 "좋은 대학에 가면, 좋은 직장에 들어가면, 돈을 많이 벌면 삶을 더 쉽게 통제할 수 있어"와 같은 메시지를 직간접적으로 듣게 된다. 그러나 긴 시간 어항 속에서 준비만 해 왔기에 바다로 나가는 순간, 파도 한 번에도 속절없이 흔들리고 만다. 노력한다고 다 되는 게 아니라는 사실, 성적도 명함도 내 마음의 평온을 보장해 주지 않는다는 사실에 당황한다. 그렇게 삶이 좀처럼 뜻대로 되지 않는다는 진실 앞에서 두려움을 느끼는 것은 당연한 일이 아닐까.

불확실성에 대한 내성이 약해진 또 다른 이유가 있다. 모바일 세계에 지나치게 익숙해졌기 때문이다. 특히 젊은 세대일수록 더 어렸을 때부터 스마트폰을 접했고 손가락 하나로 모든 것을 움직일 수 있는, 작고 안전한 세계에 익숙해졌다. 화면 속에서 쉽게 사람을 만나고, 클릭 한 번이면 원하는 정보가 즉시 나온다. 이 모바일 세계는 즉각적이고 예측 가능한 반응을 하기에 마치 세상을 내가 통제할 수 있다는 착각이 들게 한다. 하지만 우리가 살아가야 하는 오프라인 세계는 그와는 완전히 반대다. 기다림의 연속이고, 알 수 없음과 불확실성의 세계다. 이와 같은 온라인 세계와 오프라인 세계의 불일치가 현실에서의 무력감을 키우고, 더 깊은 불안을 만들어 낸다.

여기에 더해 어른이 되면서 더 깊고 복잡한 질문을 자기 자신에게 던지게 된다. '나는 괜찮은 사람일까?' '나는 제대로 살고 있는 걸까?' 이런 질문들이 떠오를 때, 삶의 표면을 넘어 우리의 존재 그 자체가 흔들리게 된다. 정신과 의사 로널드 랭은 이러한 상태를 '존재론적 불안'이라고 정의했다. 입시와 취업을 거쳐 녹록지 않은 사회생활에 적응하느라 앞만 보며 살아오다가 어느 정도 자신을 책임질 수 있게 되었을 때 그제야 나라는 인간에 대해 질문을 던지게 되는 것이다. 아무 생각 없이 어항 속에서 수동적으로 살던 물고기가 처음으로 자신에게 의문을 품는 순간이다. '나는 왜 이렇게 살아가고 있는 걸까?' 익숙했던 어항은 낯설어지고, 때마다 주어지는 먹이는 더 이상 만족스럽지 않다. 문득 이런 질문이 마음을 채우면 삶은 전과 같지 않고, 설명할 수 없는 허전함과 외로움이 동반될 수 있다.

준비가 불안의 해독제가 될 수 없는 이유

많은 이들은 그런 과정에서 느껴지는 미묘한 감정들을 뭉뚱그려 '불안'이라고 부른다. 달리 표현할 수 있는 명확한 단어가 없는 탓이다. 어쨌든 사람은 어떤 감정이 불편해질수록 이를 제거하기에 더욱 매달리는데 그럴수록 삶은 더 어긋나기 시작한다.

왜 그럴까. 그 이유는 우리가 특정한 생각이나 감정에 주의를 기울일수록 그 감정은 점점 더 커지기 때문이다. 층간 소음을 겪어 본 사람이라면 잘 알 것이다. 소음을 한번 신경 쓰기 시작하면 그 소리가 점점 더 크게 들리기 시작한다. 걱정도 마찬가지다. 마음에 걱정거리를 두는 순간, 그 걱정은 끝없는 시나리오를 만들어 낸다.

영화 〈인사이드 아웃 2〉에는 많은 이들이 공감한 '불안이' 캐릭터가 등장한다. 불안이도 다른 감정들과 마찬가지로 주인 라일리의 행복을 바라고, 그걸 위해 닥칠 수 있는 모든 상황에 대비돼 있어야 한다고 주장한다. 그런데 문제는 불안이가 생각하는 최악의 상황 목록이 결코 끝나지 않는다는 데 있다. 아무리 준비해도 부족한 부분이 생기고, 예기치 않은 상황은 펼쳐진다. 결국 모든 것을 통제하려는 불안이의 사투는 끝이 없고, 걱정하고 대비하는 데 에너지를 모두 쏟는 통에 라일리는 즐거움을 느끼기는커녕 밤잠을 설치는 지경이 되고야 만다.

그러므로 준비는 불안의 해독제가 되지 못한다. 그저 불안을 잠시 미루는 방식일 뿐이다. 그리고 우리가 원하는 '완벽한 준비 상태'가 과연 오긴 할까. 더 알아도 불안은 여전하고, 더 대비해도 예측할 수 없는 일은 벌어진다. 문제는 준비의 양이 아니다. 앞서 말한 대로 우리는 이미 오랜 시간 지나치리만큼 준비해 왔다. 그 어느 세대보다 오래 준비했고 주변에는 정보가 흘러넘친다. 나머지는 직접 겪고 부딪히며 몸으로 배워야 하는 영역이다. 불안한 마음을 없애고 삶에 들어가려 하기보다, 불안한 마음을 안은 채 삶 속으로 한 걸음 들어가 보는 것. 통제하려 애쓰던 마음의 긴장을 조금 늦추고, 삶이 나를 데려가는 방향에 잠시 몸을 맡겨 보는 것. 그 지점에서 비로소 준비로는 얻을 수 없었던 답들이 서서히 떠오르기 시작한다.

아무리 어항 속의 세상이 전부라고 믿어도 그것은 진실이 아닐 터, 어차피 우리는 진짜 바다로 나아가야 한다. 바다에는 위험도 도사리지만 어항에선 발견할 수 없었던 성장의 기쁨도 동시에 존재한다. 《불안 세대》의 저자이자 사회심리학자인 조너선 하이트는 "어린 나무가 제대로 자라려면 바람이 필요하다"고 말했다. 실제로 한 실험에서는 인공적인 환경에서 자란 나무들이 바람이 없었기 때문에 뿌리가 얕고 약한 충격에도 쉽게 쓰러진다는 것이 확인되었다. 바람은 나무를 괴롭히는 것이 아니라, 뿌리를 내리고 균형을 잡도록 돕는 힘이었던 것이다.

잘 세팅된 어항 속에만 살던 물고기가 처음 바다에 나가면 낯선 물살 앞에서 당황하게 된다. 그러나 파도가 치지 않는 바다는 없으며, 그 파도를 모두 알기란 불가능하다. 그저 파도를 헤치며 나아가는 법을 계속해서 배워 갈 뿐이다. 우리는 불안이 주는 불편함을 견디지 못해 파도를 통제하겠다며 끊임없이 준비하고 대책을 세우고 에너지를 쓴다. 하지만 삶은 낯설고 예측할 수 없다. 그건 언제나 변함이 없을 것이다. 그러니 불확실성과의 싸움을 멈추고 천천히 자신만의 리듬으로 살아가는 건 어떨까. 바람을 마주하며 천천히 뿌리내리는 나무처럼 말이다.

나는 도대체
무엇이 가장 두려운 걸까?

만약 마음에 뿌리가 있고 거기에 어떤 감정이 존재한다면 그것은 두려움일 것이다. 그렇기에 누군가를 깊이 있게 이해하고 싶다면 그 사람이 무엇을 두려워하는지를 보면 된다. 그곳에 그 사람의 가장 핵심적인 무언가가 있을 것이기 때문이다. 마찬가지로 나의 두려움을 응시하는 일은 나라는 사람을 깊이 이해하는 데 좋은 통로가 된다. 나의 두려움이 어디서 왔는지, 이 두려움이 일상에 어떤 영향을 주고 있는지 알아 감은 나를 입체적으로 이해하는 데 중요한 과정이 될 것이다.

살아가려면 기본적으로 이곳은 안전하다는 감각이 있

어야 한다. 이 세상이 안전하고, 또 이 세상에 존재하는 내가 안전할 수 있다는 믿음이 우리에겐 꼭 필요하다. 살고 있는 사회가 충분히 안전하지 않다거나, 주위 사람들이 공격적이거나 위협적으로 느껴질 때, 두려움은 피할 수 없다. 매일매일 맹수에게 쫓기는 사슴처럼 생사를 오가는 기분으로 살게 될 것이다.

한때 '두려움 없이 자유롭게 살고 싶다'라고 간절히 바랐다. 무얼 하려고 해도 두려움의 문턱에 걸렸기 때문이다. 쉽게 긴장하고 불안감을 잘 느꼈던 터라 당시에는 이것만 없으면 모든 게 가능할 것만 같았다. 좀 더 씩씩하다면, 좀 더 대범하다면 거리낌 없이 일도 사랑도 인간관계도 잘할 수 있겠다 싶었다. 그런 탓에 두려움을 없애야 한다는 집착이 생겼다. 하지만 바로 이것이 함정이었다는 것을 나중에야 알게 되었다.

내 생각과는 다르게, 두려움은 삶의 장애물이 아니라 위험으로부터 인간을 지켜 주는 자연스러운 신체 반응이다. 맹수가 공격해 오는 상황을 예로 들어 보자. 누구든 상황을 자각하자마자 반사적으로 도망칠 것이다. 위험 상황에서 올라오는 두려움은 신체가 즉각적으로 맞서 싸우거나 회피하도록 유도한다. 그리고 이런 행위를 통해 목숨을 지켜 낸다. 만약 그 상황에서 침착하게 팔짱을 끼고 앉아서

'자, 그럼 이제 어떻게 하면 좋을까?' 고민하고 있다면, 그 생각이 채 끝나기 전에 맹수에게 잡아먹히고 말 것이다.

두려움이 생존에 도움을 주는 건 현대인에게도 마찬가지다. 자동차를 조심하는 것도, 회사에 지각하지 않고 업무를 기한 내에 완수하는 것도 두려움 덕분이다. 의식하지 않고 살지만 두려움이 해낸 일들은 수없이 많다. 그리하여 지금 우리를 있게 한, 이 기본적인 감정을 없애고 싶다는 건 보호 장비 하나 없이 불 속으로 뛰어들겠다는 뜻과 같다.

그런데 문제는 생명에 위협을 주는 상황이 아닌데도 느껴지는 과도한 두려움이다. 출퇴근길의 지하철 안에서 느껴지는 두려움은 요즘 특히 많은 이들이 경험하는 문제이기도 하다. 그뿐만이 아니다. 타인의 시선이나 표정에서 심한 불안감을 느끼고, 작은 거절이나 실패가 마치 생명의 위협처럼 느껴진다. 이때 올라오는 두려움은 스스로 통제할 수 없을 것처럼 느껴지기 때문에 우리를 더욱 심각한 불안으로 몰아넣는다. 사람들이 심리적 고통을 호소하는 지점도 바로 여기다. 그리고 이런 일들 앞에선 '정말 두려움이 나를 지켜 주고 있다고?' 하는 의구심을 품을 수밖에 없다.

내 몸에 새겨진
두려움 이해하기

20대 여성 승주 씨는 타인의 어두운 표정에 지나치게 불편함을 느낀다. 직장 상사의 표정이 어두울 때, 작은 의견 충돌로 남자 친구의 표정이 굳었을 때 그 잠깐의 상황이 견딜 수 없을 정도로 두렵다는 것이다. 심장이 쿵쾅거리고 일에 집중이 되지 않는단다. 이런 탓에 타인의 표정을 민감하게 살피고, 분위기를 밝게 만들기 위해 관계 속에서 과하게 애쓰는 면이 있었다.

그리고 그 두려움을 들여다보니, 어린 시절 아버지에 대한 경험이 있었다. 아버지는 감정 기복이 큰 편이었고, 화가 나면 마치 괴물처럼 변했다. 그 기분을 예측할 수 없다는 점이 승주 씨를 가장 혼란스럽고 불안하게 했다. 어떤 날은 기분이 좋아 보이다가도, 어떤 날은 크게 잘못한 일도 없는데 따가운 말과 거친 행동으로 가족들을 대했다. 아버지가 어머니와 싸우기라도 하는 날이면 집은 전쟁터가 되었다. 그때마다 승주 씨는 방 한구석에 두 무릎을 끌어안은 채로 웅크리고 앉아, 그 시간이 얼른 지나가기를 바랐다.

어린 승주 씨는 그 두려움을 소화할 수 있을 만큼 성숙하지 못했다. 아버지가 불같이 화를 낼 때마다 엄청난 공포로 다가왔고, 그것을 뇌는 생명에 위협이 되는 상황으로 받아들였다. 그리고 비슷한 경험이 반복되어 승주 씨의 뇌에 새겨진 흔적은 세상을 대하는 하나의 패턴을 만들었다. 그리고 그것은 타인의 어두운 표정을 감지할 때마다 무의식중에 '나는 위험해! 죽을지도 몰라!'로 상황을 해석했다. 그러니 긴장 상태로 온 신경을 곤두세우고 위협에 대처하기 위해 애를 쓰고 또 썼을 것이다.

이제 승주 씨는 아버지와 함께 살지 않지만, 타인의 어둡고 차가운 표정을 마주할 때마다 어린 날의 그 공포를 재경험하고 있었다. 겉으론 평범한 일상 같아도 알고 보면 하루에도 몇 번씩 지옥에 다녀왔을 승주 씨를 생각하면 어깨를 토닥여 주고 싶어진다. 괜찮다고. 이제 당신은 안전하다고.

승주 씨처럼 갑자기 불안에 압도되는 경우, 의식적으로 생각을 다잡아 나아지려 하기보다 신체로 접근하는 것이 좋다. 말 그대로 몸에 새겨진 두려움이기 때문에 생각을 고쳐먹는다고 쉽게 바뀌지 않기 때문이다. 머릿속에서 정보(타인의 차가운 표정)를 해석하기 이전에 이미 신체는 불안 모드에 진입한다. 그렇기에 두려움이 올라왔을 때, 심호흡으로 몸의 긴장감을 낮추고, 부교감신경계를 의도적

으로 자극할 수 있도록 자세를 편안히 하거나 스트레칭을
하는 쪽이 훨씬 효과적이다.

무엇보다 자신의 두려움이 어디서 왔는지 살펴보고 최
초의 두려움을 겪었던 과거의 자신을 이해하는 과정이 정
말 중요하다. 그런 과정에서 내면의 일부가 회복되면서 한
걸음 앞으로 나아가기 때문이다. 게다가 그런 이해의 단계
를 통해 지금 나는 충분히 자신을 돌볼 수 있는 존재라는
인식이 생긴다. 스스로가 더 이상 무력한 아이가 아니라
나를 지켜 내는 보호자가 될 수 있다는 사실은 그 자체로
큰 용기를 불어넣어 준다.

무섭지만 그래도
한 걸음 나아가는 사람

그럼에도 보통은 자신의 두려움에 대해 '왜 나는 이렇게
유난이지?' 하며 스스로를 문제 삼는 경우가 많다. 과거의
나처럼 두려움을 제거하는 데에만 집중해서 집착이 생기
는 경우도 더러 있다. 하지만 그와 같은 집착은 또 다른 불
안을 낳을 수밖에 없다.

통제되지 않는 두려움은 앞서 말했듯 과거의 경험에서

비롯되는 경우가 많다. 따라서 결코 '신경 쓰지 말아야지, 얼어붙지 말아야지' 등 감정을 제거하는 방식으로는 나아질 수 없다. 상처가 깊을수록, 비슷한 상황이 자주 반복되었을수록 패턴은 강하게 만들어져 머리로는 아무리 괜찮다고 되뇌어도 도무지 나아지지 않는 상황을 맞닥뜨리게 될 것이다.

그러니 시간이 걸리더라도, 또 아프더라도 나의 두려움을 마주하고 또 깊이 알아 가야 한다. 싸워서 제거해야 할 대상이 아닌, 마주하고 이해해야 할 손님으로 대할 수 있는 것만으로도 이미 두려움은 어느 정도 키를 낮춘다.

때로는 과하게 작동한다는 것이 흠이지만, 나를 해치려는 존재가 아니라는 것만으로도 얼마나 다행인가. 정말로 나는 두려움을 없애려 하지 않고 원래 있던 그 자리에 그대로 두기로 한 후, 일상은 꽤 살 만한 날들이 되었다. '아, 너도 이유가 있어서 내 안에 자리 잡은 거구나'라는 인정과 함께, 그럭저럭 같이 지낼 만하다는 생각마저도 든다.

두려움이 없는 상태가 씩씩하고 용감한 것이 아니다. 살아 있는 한 두려움은 언제나 함께할 것이고, 진정한 용기는 그럼에도 불구하고 한 발짝 내딛는 것이다. '두려움 없이 자유롭게'라는 나의 간절한 바람은 이제 '두려움과 함께 더 자유롭게'로 바뀌었다. 두려움을 이해할수록 나는 더 편안해지고 자유로워진다. 그러니 당신의 두려움을 무작정 내쫓으려 하지 않기를. 다른 사람의 기분을 너무 살피거나, 작은 일에 크게 위축되더라도 스스로를 너무 미워하지 말기를. 스스로가 안전하기를 바라는 모두가 두려움과 함께 충분히 살 만한 날들을 보내기를 진심으로 응원한다.

누구에게나
어떤 일이든 일어날 수 있다

새해가 되면 헬스장 등록률이 올라간다고 한다. 그러나 한두 달이 지나면 환불 문의도 많다고 한다. 요가든 필라테스든 야심 차게 시작해 보지만 꾸준히 하기는 쉽지 않다. '맞아, 맞아. 내가 그래'라는 생각이 든다면 당신은 지극히 평범한 편이다. 작심삼일이 괜한 말이 아니다. 자격증 준비, 외국어 공부, 다양한 취미 생활 등 처음엔 의욕적으로 시작하지만, 초심을 잃고 중단하기 십상이다. 어쩌면 '꾸준히'의 가장 큰 적은 '열심히'가 아닐까. 열심히 할수록 에너지가 금세 바닥나 버려 지속할 수 없으니까 말이다. 그러고 보면 열정이라는 것은 애초에 지속될 수 없는 것일지도 모르겠다.

힘주고 시작하는 모든 일들이 시간이 흐르면 처음의 에너지를 잃어버리고 만다. 그런데도 왜 우리는 이토록 뭐든지 열심히 해야 할 것만 같을까. 어렸을 때 어른들에게 배운 '열심히'는 익숙하고 당연한 것이었다. 세상만사 노력하면 뭐든 이룰 수 있다고 믿었다. 그러나 가끔은 '열심히'라는 녀석이 우리 발목을 잡는 건 아닐까 하는 생각이 든다.

운과 우연의 힘은 생각보다 크다

불합격했을 때, 실패했을 때, 실연당했을 때…. 기대만큼 성과가 나지 않으면 우리는 자책부터 한다. 좌절스러운 결과 앞에서 가장 속상한 사람은 나 자신임에도 불구하고, 마음을 다독이기는커녕 '내가 문제야' 하며 자신의 부족함을 탓하고 충분히 노력하지 않았다며 채찍질한다. 이런 일들이 쌓일수록 나는 못난 사람이 되어 버려 자존감이 낮아지고 우울감도 깊어진다. 그런데 정말 나의 실력과 노력이 부족한 탓일까?

컬럼비아 경영대학원의 마이클 모부신 교수는 저서에서 세상의 모든 일은 운과 실력이 결합한 결과라고 말한다. 너무나 당연한 말이지만, 우리는 생각보다 운의 요소를 간과한다. 100퍼센트 실력에 의해 좌우되는 영역이 체스 게임이라면, 100퍼센트 운으로 좌우되는 영역은 복권이다. 그리고 그 둘 사이에 넓은 스펙트럼이 있고, 우리가 하는 대부분의 일이 그 스펙트럼 어디엔가 위치한다. 실력의 영향이 더하고 덜할 수는 있지만, 시험도 취업도 승진도 운과 우연의 요소가 들어가지 않는 곳은 없다. 심지어 인간관계나 사랑도 마찬가지다.

이러한 사실 때문에 모부신 교수는 무작정 노력을 쏟아붓기보다는 자신이 시도하는 분야에서 운과 실력이 차지하는 비율을 파악한 후 힘을 효율적으로 배치하라고 조언한다. 모든 일에 전전긍긍하며 매달리기보다는 필요한 부분에 필요한 만큼만 에너지를 쓰라는 뜻이다. 물론 그 지점(어디까지 최선을 다할 것인가)을 파악하기 쉽지 않은 경우도 있지만, 매사에 온 힘을 다해 매달릴 필요가 없다는 건 확실하다. 특히 완벽주의적 성향이 강한 사람들은 사소한 일까지 신경 쓰느라 번아웃에 이르기도 하지 않은가. 항상 습관처럼 온 힘을 바닥까지 긁어 쓰는 사람들에게는 특히 유용한 조언이 아닐까 한다.

그렇다고 "열심히 하지 마. 열심히 하는 건 어리석은 거야"라는 뜻으로 오해하지 않길 바란다. 그보다는 자신이 무엇을 위해 열심히 하는지를 살펴보기를 권한다. 사실 우리의 '열심'은 결과를 통제하고 싶은 욕구에서 오는 경우가 많다. '합격해야 해', '승진해야 해', '인정받아야 해'와 같은 마음은 우리를 전전긍긍하게 하고, 과정이 아닌 결과에 치우치게 만든다. 그래서 결과가 좋지 않으면 지나치게 실망하고, 너무 빨리 포기하기도 한다.

만약 운과 우연의 힘을 받아들인다면 어떨까? 기대한 결과가 나오지 않았다고 너무 자책하거나, 반대로 기대한 결과라고 해서 너무 우쭐해지지 않을 것이다. 통제할 수 없는 결과보다 통제할 수 있는 과정에 초점을 맞추고, 더 오래 꾸준히 그 일을 하게 될 것이다.

사람들은 자신에게 일어난 일의 인과 관계를 확실히 하고 싶어 한다. 성공을 자기 공으로 돌리거나, 실패를 자기 탓으로 여기는 이유도 이 때문이다. 우리는 늘 원인이 명쾌하기를 바란다. 그래야 예측도, 대비도 할 것이므로.

그러나 모든 원인을 자신에게서 찾는 것은 오만한 태도이다. 세계적인 부호 워런 버핏조차도 자신의 성공을 '난소 복권'에 당첨된 덕분이라고 말했다. 아프가니스탄이 아닌 미국에서, 또 남자가 대우받는 시대에 백인 남성으로 태어난 행운이 성공에 엄청난 영향을 주었다는 것이다. 그렇다, 어떤 가정에서 태어났는지는 개인의 사회경제적 수

준과 심리적 안정, 심지어 생존에도 큰 영향을 준다. 빈민국에서 태어나지 않은 것, 크게 아픈 곳 없이 태어난 것만으로도 엄청난 운을 타고난 셈이다.

졸업할 무렵 마침 경제 위기가 닥쳐 취업에 실패했다면 그것은 개인의 역량 부족이 아니라 운의 영역에 가깝다. 또 코로나 시대에 식당과 카페 매출이 줄어든 것은 사장의 노력 여부보다 상황적 영향이 컸을 것이다. 어디 그뿐인가. 좋아하는 사람에게 이별을 통보받았다면 당신 탓이 아니라 그저 잘 맞지 않는 인연이었을 가능성이 높다. 가난도, 실패도, 실연도 모두 100퍼센트 나의 문제에서 비롯된 결과라고 보기 어렵다. 그런데도 자존감까지 깎아내리며 자신을 다그치고 자책해야만 할까.

쉽게 좌절하지 않고 계속하는 힘

물론 불합격 앞에서, 실패 앞에서, 정성을 들인 모든 일에 대한 따가운 평가 앞에서 누구도 쉽게 쿨할 수는 없다. 노력하는 동안 애정이 쌓였기에 의연해지기 어려운 것이다. 사소한 것이라도 나의 시간과 에너지가 들어갔다면 마음이 쓰이기 마련이다. 이 마음이 강하면 원치 않는 결과에 분노가 일거나 결과를 받아들이지 못하는 경우도 생긴다.

직접 만든 물건에 사람들이 갖는 과도한 애착을 '이케아 효과'라고 한다. 이는 가구를 손수 조립하면 애정이 더욱 높아지는 현상에서 탄생했다. 이 효과를 명명한 행동경제학자 댄 애리얼리 교수는 이케아 효과의 부차적인 현상으로 자기중심적 편향을 언급했다. 자신이 공을 들인 물건이나 일에 애정이 과도하게 높아지므로 자기중심적으로 판단하게 된다는 것이다. 이는 우리가 노력한 일이 만족스러운 성과로 이어지지 못했을 때의 좌절감을 잘 설명해 준다. '어떻게 이런 형편없는 점수를 줄 수 있지?', '어떻게 내가 제작한 상품이 인기가 없을 수 있지?' 같은 마음이 당연히 들 수 있다.

시간과 노력을 들인 사람은 나이지만, 그 결과를 평가하는 사람은 내가 아닌 경우가 훨씬 많다. 거기에 운의 영역까지 더해져 실망스러운 결과를 마주하면 자연히 좌절, 분노, 억울 같은 감정이 생겨날 수밖에 없다. 어쩌면 그런 감정은 내가 얼마나 노력했는지를 보여 주는 증거이기도 하다. 그렇기에 낙담할 만한 결과 앞에서 의연하지 못한 자기 자신을 다그칠 필요는 없다. '아, 내가 그만큼 마음을 많이 쏟았구나', '내 기대가 컸구나' 알아주며 격려하는 편이 낫다. 좌절은 충분히 품어 주되 자기 비난으로 넘어가지는 않도록 말이다.

주변에 일이든 운동이든 취미 생활이든, 한번 시작하면 쉽게 포기하지 않고 꾸준히 하는 사람들을 살펴보면, 그들은 의외로 거창한 목표를 세우지 않는다는 걸 알 수 있다. 여기까지 승진해야지, 몇 킬로미터를 뛰어야지 하는 목표가 없거나 낮다. 그들은 사람을 대할 때도 마찬가지다. 크게 기대하지 않고, '그럴 수 있어' 하고 쉽게 넘어간다. 그들은 매사에 운과 우연의 자리를 마련해 둔 사람들처럼 행동한다. 노력으로 뭐든 이룰 수 있다고 생각하지 않는다. 그래서 실망과 자책의 굴레에 잘 빠지지 않는지도 모른다. 대신 그들은 오늘 할 수 있는 작은 일에 집중한다. 일의 결과는 알 수 없지만 오늘 자신이 할 수 있는 일은 분명히 있기에, 그 일에 최선을 다하며 그날 밤 후회 없이 잠든다.

열심히 사는 것은 정말 멋진 일이다. 나아가 꾸준히 최선을 다한다는 것은 얼마나 대단한 일인가. 결과에 대한 집착만 없다면 성실함과 노력은 다른 누구도 아닌 나 자신에게 당당할 수 있는 멋진 태도이다. 인간의 노력으로 어찌할 수 없는 영역이 있다는 사실에 인생의 쓴맛을 느끼곤 하지만, 그렇기에 우리의 '열심'이 더 즐거운 모습이기를 바란다.

인생에서 중요한 일은 생각보다 적다

한없이 무기력할 때 힘내라는 말을 들어 보았는가. 그 진심이 무색하게도 귀에 닿는 순간 기운이 쭉 빠져 버리는 마법을 경험하게 된다. '그렇지, 힘을 내야지…' 하고 머리로는 알면서도 몸은 아래로 푹 꺼져 버리는 듯한 느낌이랄까.

아주 오래전이긴 하지만 내게도 그런 경험이 있다. 당시 휴학을 하고 일을 하던 시기였고, 엄마가 병원에 입원 중이셔서 보호자 침대에서 잤던 날 아침이었다. 몸이 피곤해서 더 그랬겠지만, 이미 일주일 넘게 이상할 정도로 의욕이 나지 않고 기운이 쭉쭉 빠져서 내가 도대체 왜 이럴까 하고 스스로도 답답하던 차에 친구에게서 연락이 왔다. "힘내. 힘이 난다고 생각하면 힘이 나더라." 친구는 좋은 의도로 말했을 것이다. 그런데 뭐랄까. 친구의 말이 힘을 내야만 한다는 압박처럼 느껴졌다. 나는 전화를 끊으며 '그게 말처럼 쉽지 않네'라고 혼잣말했던 기억이 있다.

요즘 상담에서 자주 만나는 주제 중 하나가 무기력이다. 겪어 본 사람은 안다. 이 녀석이 얼마나 무겁고 지독한지. 어떤 것에도 의욕이 나지 않고, 무기력한 자신을 바라보는 게 힘들어서 차라리 신이 "너에게 무기력을 허락하노라"라고 말해 주면 좋겠다고 바라는 순간, 그때 누군가 "힘내! 파이팅!"이라고 말한다면, 그의 선한 의도와는 상관없이 무기력한 자신에 대한 자책만 깊어질지도 모른다.

잘해야 하는 일이 너무 많아, 하나도 할 수가 없다

무기력. 해야 하는 일은 있지만 의욕이 나지 않고, 아주 일상적인 것들도 너무나 힘들어지는 상태다. 이는 우울, 불안과 마찬가지로 현대인의 병이다. 아주 먼 옛날, 수렵 채집 시대에는 무기력이 없었다. 상상해 보라. 사냥을 나서야 하는데 '도저히 일어날 수가 없어. 조금만 더 누워 있을래' 하는 원시인의 모습이 그려지는가?

원시인들의 삶은 단순했다. 그저 살아남기만 하면 되었다. 그러기 위해 매일 같은 패턴으로 움직여 음식을 구하고, 몸을 누일 안전한 장소를 찾아 이동했다. 햇빛이 나면 사냥을 하거나 열매를 따고, 비가 오면 나무 아래나 동굴로 들어가 비를 피했을 것이다. 말하자면 명확한 목적의식이 있었고, 그에 맞춰 움직였다. 많은 생각을 할 필요가 없었다. 장기적인 계획이나 과거에 대한 후회, 미련 같은 것에 시간을 쓰지 않았으리라.

그런데 지금 우리는 어떤가. 돈도 잘 벌어야 하고, 좋은 집도 사야 하고, 맛집도 찾아다녀야 하고, 행복도 챙겨야 한다. 미디어를 통해 마주하는 잘 사는 (것 같은) 수많은 사람들은 나를 더 불안하게 한다. 나름대로 열심히 살면서도 내가 원하는 것에 영영 닿지 못할 것 같아 좌절하는 사람들도 많다.

맹수에게 언제라도 잡아먹힐 수 있는 원시인의 삶이 오히려 더 무섭고 위험했을 텐데, 어쩐 일인지 살아가기에는 현대 사회가 더 힘들어 보인다. 걱정과 조바심 속에서 살아가는 사람들이 얼마나 많은가. 어쩌면 우리가 느끼기에는 더 위험한 환경에 놓여 있는지도 모른다. 모든 것이 풍요로워지고 몸은 편해졌을지언정 불안과 스트레스는 오히려 높아진 듯하다.

하지만 현대인이라고 해서 태어날 때부터 부담감에 짓눌려 있지는 않다. 어린아이들을 보라. 어제의 슬픔은 담아 두지 않고, 먼 미래를 미리 걱정하지도 않는다. 그래서인지 아이들은 참 잘도 뛰어다니고 아침에도 가뿐하게 일어난다. 그렇게 천진무구한 모습으로 뛰어다니던 우리가 왜 이렇게 걱정과 스트레스를 이고 지고 살아가게 되었을까. 아이들도 어느 시점부터는 아침에 일어나는 게 힘들어진다. 성적도 잘 받아야 하고, 부모에게 인정도 받아야 하고, 잘해야 하는 것들이 생기면서부터다. 그저 살아 있는 것만으로 충분하지 않은 때부터다.

사는 게 호락호락하지 않다고 느낄수록 머릿속은 복잡해진다. 무사하기 위해 많은 것을 계산해야 하는 탓이다. 침대에 누워서도 편히 쉬지 못하고 불안해하는 우리의 모습을 떠올리면 마음이 아프다.

만약 지금 당신이 무기력하다면 어딘가에 에너지를 많이 쏟았다는 뜻이다. 스스로는 인정할 수 없을 것이다. 아니, 스스로 인정하지 않기 때문에 더더욱 그런 자신을 채찍질하느라, 마음처럼 움직이지 않는 자신을 억지로 끌고 다니느라 기운이 빠져 버렸을지도 모른다.

인간의 신체는 긴장과 이완이 적절히 반복되어야 건강을 유지할 수 있다. 긴장 상태는 스트레스 반응을 유발하고, 이완 상태는 자율신경계를 안정시키면서 호르몬 균형을 회복시키기 때문이다. 그런데 요즘 많은 사람이 거의 모든 시간을 긴장 상태로 지낸다. 주먹을 꼭 쥐고 어깨가 한껏 경직된 채로 말이다. 그러다 한계에 다다르면 의지와 상관없이 힘이 탁 풀려 버린다. 없는 에너지를 긁어 쓰다가 그마저 동이 난 셈이다. 그렇다면 그동안 부족했던 이완의 시간을 충분히 가져야 하지 않을까. '일어나야 해. 정신 차리자' 하면서 다그칠 게 아니라, 몸이 회복될 수 있도록 넉넉하게 쉬어 줘야 한다는 뜻이다.

엉망진창이 될 용기, 형편없어도 될 자유를 허락하기

분명히 많이 쉰 것 같은데 몸을 일으키기가 어렵다면 두 가지 방법을 권하고 싶다. 첫째는, 무엇이 나를 짓누르고 있는지 살펴볼 필요가 있다. 해내야 하는 것, 잘해야 하는 것이 많고, 그 기준이 높다면 당연히 발을 디딜 엄두가 나지 않는다. 과제가 너무 벅차고 해내지 못할 것 같을 때, 내 삶이 나아질 것 같지 않을 때 무력감은 찾아든다. 이럴 땐 머릿속에 이고 진 짐들을 내려놓는 작업이 필요하다.

'나는 삶에서 무엇을 기대했는가? 무엇을 바라고 애를 썼던가?' 나 스스로에게 부과한 요구들이 부담된다는 것을 알아차렸으니, 그걸 내려놓음으로써 얼마나 달라지는지 실험 삼아 확인해 보자. 물론, 이 작업이 얼마나 어려운지 안다. 나에 대한 기대치를 낮추면 자연스럽게 뒤처질까 봐 겁이 날 것이다. 삶이 엉망으로 망가지거나, 형편없는 사람이 되지는 않을까 의심스러울 것이다.

그러나 자신에 대한 과대평가는 삶을 피로하게 만든다. 그 무게를 내려놓을 때 삶은 오히려 훨씬 잘 흘러갈 수 있다. 엉망진창이 될 용기, 형편없어도 될 자유를 자신에게 허용해 보자. 그것이 오히려 나를 단순하게 살아가도록 도와줄 것이다.

삶의 난이도가 너무 높으면, 쉽게 포기하고 싶어진다. 동기 부여가 되지 않고 아예 트랙을 벗어나고 싶어지는 것이다. 저명한 심리학자 미하이 칙센트미하이 교수는 어떤 과제에 몰입하기 위한 조건 중 하나로 적당히 어려운 난이도의 과제를 꼽았다. (너무 쉬워도 흥미를 잃는다.) 지금 당신에게 '매일을 살아간다는 것'은 어떤가. 너무 어렵고 복잡해서 집중하지 못하는 상태는 아닌가.

두 번째 방법은 자발성의 회복이다. 정말 내 마음 안에서 솟아나는 것이라면 나를 저절로 일으킨다. 이득을 셈하지 않고도 집중할 수 있고, 촘촘히 계획하거나 전략을 세우지 않아도 이미 자연스럽게 하고 있다.

사회심리학자 에리히 프롬은 대부분의 사람들이 짧게나마 자신의 자발성을 경험하고 동시에 그 순간을 진정한 행복으로 느낀다고 말한다. 그가 말하는 자발성의 경험은 대단한 활동이 아니다. 풍경을 보고 아름다움을 느끼는 순간, 고민 끝에 스스로 깨달음을 얻는 순간, 타인에 대한 사랑이 갑자기 솟구치는 순간 같은 것들이다. 그런 순간에 우리는 자발적 체험이 무엇인지를 알게 되고, 그 체험이 계속해서 찾아올 때 인간의 삶은 달라진다.

아무리 의무와 책임으로 가득한 어른의 일상이라고 하더라도, 자발적인 경험을 곳곳에 채워 넣을 수 있다. 좋아하는 음악을 듣고, 아름다운 풍경을 보고 감탄하며, 그 장

면을 부지런히 찍어 소중한 이와 공유하고, 사랑하는 사람
들을 위해 요리하고 대접하는 일 등. 그런 활동이 일상의
많은 부분을 채울수록 삶은 단순해진다. 많은 생각을 하지
않고도 자연스럽게 하루하루가 흘러가기 때문이다.

그저 살아 있기만 해도 충분하다

만약 앞의 두 가지가 전혀 와닿지 않을 정도로 깊은 무
기력에 빠진 이들이 있다면, 이 한마디를 해 주고 싶다. 그
저 살아 있기만 하라고. 만약 당신이 조금도 헤어날 수 없
을 정도로 무기력하다면 이미 오랜 시간 애썼기 때문일 것
이다. 눈에 보이지 않더라도 나름대로 잘해 보려고 애썼던
수많은 날이 있었을 것이다. 그러니 모든 노력을 내려놓고
그저 살아 있음, 그 자체만 신경 쓰라고 말해 주고 싶다.
　살아 있다는 건 곧 숨을 쉰다는 뜻이다. 들숨과 날숨이
내 안에서 어떻게 반복되는지를 살펴보자. 그렇게 숨 쉬는
한 당신은 잘 살아 있는 것이다. 그 숨이 결국 당신을 또 살
아가게 할 것이다. 당신이 어린 시절에 그러했듯, 사실은
그렇게 살아 있는 것만으로 충분한 존재다.
　언젠가 소중한 사람이 번아웃을 겪어 힘들어하는 것을

가까이에서 지켜본 적이 있다. 꼭 지난날의 내 모습처럼 무겁고 캄캄해 보였다. 혹여라도 부담이 될까 봐 긴 말을 전하지 못했지만, 마음으로 간절히 전하고 싶은 말을 노트에 써 두었다. 아무것도 하지 않는 자신이 쓸모없다고 느껴지겠지만, 그 느낌이 결코 너를 쓸모없게 만들지는 않으므로 마음 놓고 쉬어 가길 바란다고. 넘어진 김에 쉬다가 자연스럽게 힘이 차오를 때 일어나면 좋겠다고. 압박 속에서 자신을 억지로 일으켜 얼마 못 가 다시 넘어지느니, 그냥 강물이 흘러가듯 바람결에 갈대가 흔들리듯 그런 자연스러운 몸짓으로 일어나기를 바란다고.

다행히 그 친구는 다시 일어나 정말 강물처럼 흘러가듯 잘 살아가고 있고, 나는 그때 그 말을 건네지 않은 것을 다행으로 생각하고 있다. 조금의 부담도 더 얹어 주고 싶지 않았기 때문이다.

그러니 만약 통제할 수 없는 무기력에 넘어져 이불 속에서 이 글을 읽고 있는 사람이 있다면, '이왕 누운 거 마음 편히 누워 있어도 된다'는 뜻으로 이해해 주기를 바란다. 과거에 이상적으로 그렸던 자신의 모습으로 살아가고 있지 않아도 전혀 문제 될 게 없다. 인생에서 중요한 것들은 생각보다 적다. 그 적은 것에 집중하며 살아가기를. 그것으로도 삶은 충분히 잘 흘러갈 테니까.

남 탓 세상 탓이야말로
가장 부질없는 짓

지인들과 안부차 연락을 하면 마지막에 무탈한 하루 보내시라는 말을 종종 덧붙인다. 이전엔 '행복한 하루 보내세요'가 단골 끝인사였다면, 이제는 무탈하기를, 평안하기를 바라는 마음을 담아 인사한다. 별 탈 없이 잘 지내는 게 곧 행복이라고 여기게 된 뒤 생긴 변화다. 행복이나 기쁨보다는 평온을 바라게 된다. 하루도 마음이 고요한 날이 없다던 한 내담자는 행복까지는 바라지도 않는다며 마음이 좀 평온했으면 좋겠다고, 늘 요동치는 마음이 잔잔해졌으면 좋겠다고 간절한 표정으로 말했다. 그 말은 내 마음에서도 자주 들려오는 소리다. 방송인 홍진경 씨가

"자려고 누웠을 때 마음에 걸리는 게 없으면 그게 행복"이라고 했는데, 그 말에 고개를 끄덕일 수밖에 없었다.

이제 우리는 기적 같은 행운이나 동화를 믿는 어린아이가 아니다. 일확천금이나 횡재 같은 것도 꿈꾸지 않는다. 그저 별일 없는 보통의 날이 이어지기를 바란다. 주변에서 일어나는 온갖 일에 휘둘리지 않고 평온하게 하루하루를 채워 가고 싶다. 그런데 그 평온의 비밀은 다름 아닌 '내가 통제할 수 없는 영역'을 어떻게 다루느냐에 있다.

"왜 내게 이런 일이"
세상에서 가장 부질없는 말

우리는 왜 이렇게 평온을 바랄까? 아마 그만큼 고통이 두렵기 때문일 것이다. 우리는 평온해지고 싶어 하는 마음만큼이나 고통을 피하고 싶어 하는 경향이 있다. 불편함, 어려움, 곤란함, 수치심, 시련, 비극, 상처, 결핍, 가난 등 무어라 표현하든 공통점은 우리가 이것들을 원하지 않는다는 것이다. 이 모든 것을 뭉뚱그려 '불편한 손님'이라고 이름을 붙여 보자. 우리는 살아가면서 가능한 한 이 불편한 손님을 피하려고 노력한다. 고통을 제거하고 상처를 피하는 방식으로 살아가려 한다. 그러나 그럴수록 평온은커녕 새로운 불편한 손님을 계속해서 마주할 뿐이다.

왜냐하면 고통 없는 삶은 없기 때문이다. 제아무리 재벌이나 세계적인 슈퍼스타라 해도, 혹은 금수저를 물고 태어나 자신감이 충만한 사람이라 해도 꽃길만 걸을 수는 없다. 즉 고통은 모든 인생의 기본값이다. 그러나 이 고통을 어떻게 받아들이느냐에 따라서 많은 것이 달라진다. 남 부러울 것 없어 보이는 슈퍼스타가 고통 속에서 사는가 하면, 그저 평범해 보이는 사람이 충만한 행복을 느끼며 살수 있는 이유가 바로 여기에 있다.

멕시코의 여성 화가 프리다 칼로는 평생 고통과 함께 살아야 했던 인물이었다. 아무렴 누구에게나 삶은 고통이라지만, 그녀에게는 특히 더 가혹했다. 어린 시절 소아마비로 다리에 장애를 얻었고, 열여덟 살에는 버스 사고로 척추와 골반, 다리뼈가 산산조각 나 평생 수십 차례 수술을 견뎌야 했다. 그뿐만 아니라 여러 번의 유산을 경험했고, 엄마를 떠나보낸 슬픔이 가시기도 전에 남편의 외도까지 겹치면서 감당하기 힘든 정신적 고통을 겪었다.

보통 사람이라면 그중 하나의 시련만으로도 크게 좌절하고 신을 원망할 텐데, 그녀는 그러지 않았다. 그녀는 고통은 피하려야 피할 수 없다는 걸 깨닫고, 오히려 정면으로 마주하며 자신의 그림 속에 담아냈다. 고통을 외면하지 않고 삶의 일부로 받아들이는 것. 그것이 그녀가 살아가는 방식이었다. 그래서인지 그녀의 자화상에는 상처와 고통이 낱낱이 드러나 있지만, 동시에 그것을 꿰뚫어 보려는 강인한 시선이 담겨 있다. 칼로가 보여 준 것은 고통과 시련을 원망하지 않고, 고통과 공존하며 자기만의 평온을 만들어 가는 태도였다.

칼로의 이런 강인한 태도는 고대 로마의 철학자 에픽테토스의 가르침에서도 찾을 수 있다. 그는 인생을 한 편의 연극에 비유했다. 그리고 우리는 자신에게 주어진 역할과 의무에 충실해야 하며, 그 밖의 것은 우리의 통제 밖의 일이라고 말했다. 그러면서 외부 상황에 휘둘리지 않고, 어느 것에도 예속되지 않을 자유를 강조했다.

그런데 그의 철학은 단순한 관념에서 나온 것이 아니었다. 노예로 태어난 그는 전해지는 일화에 따르면 주인에게 혹독한 학대를 받아 다리가 부러져 평생 다리를 절며 살아야 했다. 자유를 얻은 뒤에도 박해와 추방을 겪으며 잔인한 삶이 지속되었다. 그러나 그 모든 고통 속에서 그는 우리에게 일어나는 일은 우리의 뜻대로 되지 않지만 그 일에 어떻게 반응할지는 우리의 선택에 달려 있다고 말했다. 즉 뜻대로 되지 않는 일에 집착하며 괴로워할지, 아니면 통제할 수 없는 일에 신경을 끄고 할 수 있는 일에 집중할지는 모두 자신의 선택이라는 것이다. 그래서 그는 자신이 당한 고통을 저주하고 원망하며 에너지를 쏟지 않았다. 오히려 고통을 통찰함으로써 그 어떤 상황이 닥쳐도 흔들리지 않는 강인한 자유의 철학을 창조했다.

에픽테토스와 프리다 칼로의 삶이 공통적으로 보여 주는 건, 우리가 통제할 수 없는 삶의 크고 작은 사건들이 결국 인간 존재의 본질이라는 사실이다. 고통을 없애려 하거나 왜 이런 시련이 나에게 왔느냐고 절망하기보다, 고통과 어떻게 함께할지를 선택하는 것. 그 태도 속에 자유와 평온이 있다.

어쩔 수 없다면 신경을 끄자, 그리고 내 일을 하자

보통의 우리는 어떤가. 자신의 한계를 모르지 않으면서도 온 세상이 뜻대로 되기를 바라며 안간힘을 쓰지 않았던가. 그러다 예기치 않은 어려움이 닥치면 자신을 미워하고 세상을 원망하면서 괴로워하지 않았던가. 시련 그 자체만으로도 고통스러운데, 거기에 원망과 자책까지 더해 자신을 더 큰 고통 속으로 몰아넣지 않았던가.

우리가 이 삶에서 통제할 수 있는 일은 기대보다 훨씬 적다. 주어진 하루를 충실하게 살고, 희로애락을 느끼며 흐름에 몸을 맡기는 것이 전부라고 할 수도 있다. 그래서 어느 종교든 공통적으로 걱정하지 말고 마음의 짐을 덜라고 강조한다. 신약 성서 마태복음의 한 구절인 '내일 일은 내일이 염려할 것이요, 한 날의 괴로움은 그날로 족하니라'도, 불교 경전 '숫타니파타'에 나오는 '소리에 놀라지 않는 사자와 같이, 그물에 걸리지 않는 바람같이, 물에 더럽혀지지 않는 연꽃같이, 무소의 뿔처럼 혼자서 가라'는 말도, 내게는 너무 괴로워하지 말고 살아가라는 격려로 들린다. 너무 전전긍긍할 필요도, 내가 어찌할 수 없는 것에 매달려 걱정하고 집착하는 데에 에너지를 쏟을 필요도 없다. 단지 내가 통제할 수 없는 일들을 삶의 일부로 받아들이는 것, 불편한 손님의 방문을 외면하는 데에 시간을 낭비하기보다 "그럴 수 있지" 하고 그냥 내버려 두는 것으로 충분하다. 비록 두 팔 벌려 환영할 수는 없더라도 쫓아낼 궁리를 하느라 불필요하게 에너지를 쓰지 말자는 것이다. 그저 '오케이'만 하면 생각보다 그 손님은 크게 소란을 피우지 않을지도 모른다.

첫 아이 출산을 앞두고 여기저기 출산기를 찾아 들여다

보던 때의 이야기다. 난산의 고통이 구구절절 나열된 무수한 출산기 중에 눈에 확 들어오는 글이 있었다. 자신도 출산을 앞두고 걱정이 많았다는 어느 선배 엄마가 쓴 글이었다. 그녀는 어느 순간 걱정한다고 해서 산통을 피할 수 없다는 사실을 깨달았다고 한다. 그러고 나서 아예 마음을 고쳐먹었단다. 고통을 피하려 드느니 차라리 "고통아, 나에게 오라"라고 했다나. 그랬더니 정말 산통이 아주 고통스럽지 않고 견딜 만했다는 것이다. 이 글이 용기를 주어 나도 조금은 평온한 마음으로 분만실에 들어갈 수 있었다.

출산의 두려움 앞에서도 나를 용감하게 만들어 준 이 글을 지금도 자주 떠올린다. 고통이 삶의 기본값이라면, 그 삶을 살아가는 우리의 최선은 무엇일까. 내 힘으로는 어쩔 수 없는 일이 일어난다면, 내가 할 수 있는 일은 '오케이' 하는 것뿐이다. 우리 삶에 뜻하지 않은 일들은 얼마나 자주 일어나는가. 프로젝트는 뜻밖의 일로 좌초되고, 가족들은 멋대로 행동하고, 갑작스러운 사고는 꽤 자주 발생한다. 어쩔 수 없다. 너무 흔들리지 않고 그저 내 할 일을 묵묵히 하는 수밖에.

불편한 손님을 수없이 받아들였던 프리다 칼로가 죽기 전에 마지막으로 그린 작품의 제목은 'Viva la Vida(인생이여 만세)'였다. 고통 속에서도 삶을 사랑하겠다는 의지를 담은 문장으로 느껴진다. 우리는 삶의 끝에 무어라 말할 수 있을까. 평온만을 간절히 원하다가 끝날지, 그 모든 손님을 마주한 뒤 '그럼에도 불구하고 살아 볼 만한 삶이었다'라고 할 수 있을지. 부디 당신이 통제할 수 없는 이 삶과 더 이상 싸우지 않기를, 원망과 자책에 쓸 에너지를 지금 이 순간의 삶을 누리는 데 쓰기를, 삶에서 발생하는 여러 사건에 크게 흔들리지 않고 평온하기를 진심으로 바란다.

06 "이건 내 몫이 아니지"
예민한 내게 꼭 필요했던 말

오랜만에 만난 친구와 함께 북적이는 카페에
앉아 있었다. 그 친구는 평소에도 '내가 좀 예민해서'라는
표현을 종종 썼는데, 그날은 소음을 견디기 힘들다며 얼른
카페를 나서고 싶어 했다. 남은 음료를 들고 카페를 나와
공원으로 향하면서 친구는 미안해했다. "내가 좀 유난이
지?" 이렇게 예민한 자신이 싫다면서, 스스로가 이 세상에
잘 맞지 않는 것 같다고 했다. 내게 미안해할 필요는 없는
일이었다. 하지만 이 세상에 잘 맞지 않는다는 그 말이 속
상했는지 이상하게 계속 생각이 났다.

과연 지금 세상에 딱 들어맞는 사람이 있기나 할까. 이

렇게 혼란스럽고 빠르게 변화하는 시대에 어지럽고 불안하고 피로한 게 당연하지 않나. 모두가 이 자극과 속도에 적응하기 위해 이 악물고 안간힘을 쓰고 있다.

요즘 매우 예민한 사람을 가리키는 'HSP^{Highly Sensitive Person}'라는 개념이 알려지면서, 내 친구처럼 예민함을 죄스러워하는 사람들이 많음을 알게 되었다. 언뜻 생각하기에 '누구나 어떤 부분에서는 예민하지 않을까?' 싶지만, 자신의 예민함을 불편해하거나 문제로 여기는 사람이 적지 않다. 하지만 민감성이나 예민함은 특성 그 자체로 좋은 것도 나쁜 것도 아니다. 어떤 분야에 민감성을 발휘할 땐 오히려 재능이 되기도 한다. 그럼에도 자신의 예민함을 불편해하는 사람들이 점차 늘어나는 데에는 이유가 있다.

매우 예민한 사람이 많아지는 이유

첫 번째는 쿨하고 무던한 태도가 미덕처럼 여겨지는 문화 때문이다. 이런 사회에서는 "넌 너무 예민해"라는 말이 쉽게 상처가 된다. 한 내담자는 친언니와 부모님에게 상처받은 일들에 대해 서운함을 표현하면 언제나 "네가 너무 예민해서 그래"라는 말을 들어 왔다고 했다. 왜 그걸 문제 삼는지 모르겠다는 반응이 반복되자 어느 순간 가족들에게 마음의 문을 닫아 버릴 수밖에 없었다고 한다. 그녀는 말했다. 나도 언니처럼 무던했으면 좋겠다고. 아무 말이나 주저 없이 할 수 있고, 어떤 말을 들어도 그냥 웃어넘길 수 있는 사람이었으면 좋겠다고. 하지만 그게 마음먹는다고 되는 일인가. 쿨한 태도를 높이 평가해 주는 문화 속에서 나의 민감함은 문젯거리로 느껴지곤 한다.

두 번째 이유는 세상이 점점 더 빠르고 자극적인 방향으로 흘러가고 있기 때문이다. 그 강도와 속도에 적응하기 위해 우리는 어쩔 수 없이 민감성을 장착하고 살아야 한다. 또 수많은 정보와 고강도의 자극 속에선 예민하지 않은 사람들조차 쉽게 과부하에 걸릴 수밖에 없다. 느긋하고 둔하게 대처해서는 결코 살아남을 수 없을 것만 같다. 그런 점에서 초민감성은 결국 이 시대를 살아가는 우리 모두의 얘기인 것이다.

그런데 이 민감성은 사실 꽤 광범위한 영역을 포함한다. HSP를 처음 언급한 심리학자 일레인 아론은 DOES로 설명했다.

D Depth of processing : 정보를 깊이 있게 처리한다.

O Overstimulation : 소음, 빛, 냄새 등의 감각적 자극뿐 아니라 감정적 자극에 쉽게 과부하된다. 이 때문에 쉽게 번아웃이 온다.

E Emotional Reactivity & Empathy : 감정적으로 매우 민감해서 타인의 감정을 쉽게 파악하고 깊이 공감한다. 이 때문에 갈등이나 부정적 분위기에 민감하게 반응한다.

S Sensing the Subtle : 감각적으로 민감한 특성이 있다.

이러한 민감성은 우리가 일상적으로 사용하는 다른 개념들과도 겹칠 수 있다. 예를 들어 내향형이나, 타인의 감정을 유난히 잘 읽는 엠파스empath 같은 개념이 그러하다. 내향형은 사람과의 상호 작용에서 피로감을 높게 느끼고, 에너지를 충전하기 위해서는 혼자 있는 시간이 필요하다. 엠파스는 타인의 감정을 매우 잘 흡수하는 것이 특징이다. 이 때문에 주변 사람의 감정이나 에너지에 매우 민감하다. 타인과 나 사이의 감정적 경계가 희미해 관계에서 쉽게 피로해질 수 있다.

이에 반해 HSP는 관계를 포함한 자극 전체에 민감하다는 특징을 지닌다. 주변 환경, 주변 사람의 감정과 생각 등 모든 자극에 민감하다. HSP는 혼자만의 시간이 중요한 내향형과도, 타인의 감정에 과도하게 이입하는 엠파스와도 다르다. 하지만 내향형이면서 HSP일 수도 있고, 엠파스이면서 동시에 HSP일 수도 있다.

어떻게 민감성을
자산으로 쓸 수 있을까

이러한 특성 때문에 자신의 민감함을 그저 불편한 짐으로 여기며 스스로를 미워하는 이들이 있을까 염려가 된다. 그러나 어떤 일들은 예민함이나 세심함 없이는 애초에 제대로 해낼 수 없다. 예술이 그렇다. 감각적인 예민함은 아름다움을 만들어 내 많은 이들의 마음을 움직이는 힘이 되기도 한다. 인간관계 또한 마찬가지다. 소소한 변화나 미묘한 분위기를 읽고, 타인의 감정을 포착할 수 있을 때 비로소 서로를 배려하고 이해할 수도 있다. 나 역시 사람에 대한 민감성이 높아 쉽게 지치고 고민하던 시간이 길었다. 하지만 심리학을 공부하고 상담 일을 하며, 오히려 사람에 대한 세심한 감각이 이 일에 도움이 된다는 것을 깨달았다. 그런 경험이 쌓이면서 나의 민감성이 오히려 귀하게 느껴지기도 했다.

그러니 민감함을 미워하고 억누르기보다는, 잘 활용하며 사는 편이 낫다. 그러기 위해서는 조건이 있다. 과도하게 자극되지 않는 환경을 만드는 것, 번아웃이 오지 않도록 평소에 잘 관리하는 것이 바로 그것이다.

좋은 방법 중 하나는 자연을 가까이하는 것이다. 과도한 자극은 대부분 디지털 미디어 같은 인위적인 환경에서 온다. 또 일에 대한 압박이 클 때, 결과를 내야 한다는 조급함이 들 때, 혹은 SNS 피드를 보며 자기도 모르게 비교하고 평가하게 될 때, 민감성은 번아웃을 초래할 수 있다. 그런데 자연은 그런 과부하를 일시적으로 낮춰 준다. 소리가 낮고, 색감이 부드럽고, 변화가 느리기 때문이다. 민감성이 유난히 고조될 때, 그럴 때야말로 자연이 필요하다. 멀리 갈 필요도 없다. 가까운 공원에 앉아 바람에 흔들리는 나뭇잎 소리, 새소리를 듣는 것만으로도 충분하다. 이는 자연스럽게 부교감신경계를 자극하고 우리 몸이 편안하게 쉬도록 돕는다. 자신을 자연의 일부가 되도록 맡기면 말 그대로 자연스럽게 회복한다.

만약 인간관계에서의 민감성이 유난히 불편하게 느껴진다면, 타인과 나 사이의 경계를 다시 세워 보는 연습이 필요하다. 민감한 기질은 타인의 감정을 고스란히 흡수하게 하고, 그로 인해 쉽게 압도되기도 한다. 예를 들어, 부모님이 다투셨다는 얘기를 들으면 마음이 흔들려 내 일에 집중할 수 없다거나, 친구의 고민 얘기를 들으면서 친구보다 내가 더 감정적으로 휘청일 때가 있다. 그 일이 내 일이 아님을 알면서도, 내 마음은 어느새 그 감정 속으로 깊이 들어가 휩쓸려 버리는 것이다.

그런 순간에는 나 자신에게 이렇게 말해 보자. '아, 이건 내 몫이 아니다.' 이 한마디가 내 감정을 돌보고 나를 지켜 내는 출발점이 되어 준다. 타인과 나 사이에 보이지 않는 선을 다시 확인하면서, 나를 보호하는 쪽을 택하는 것이다. 민감함은 타인을 잘 이해하는 능력이기도 하지만, 나와 타인의 몫을 구분해 내지 않으면 나를 잃게 만든다. 경계를 명확히 하는 힘은 나를 지키고 삶의 균형을 잡아 주는 자원이 된다.

예민한 사람에서
깊이 있는 사람으로

민감함은 절대 약점이 아니다. 미안해할 필요도 문제 삼을 이유도 없다. 작가 무라카미 하루키는 에세이나 인터뷰에서 자신이 소리에 민감한 편이며, 타인이나 사회의 분위기에 쉽게 영향을 받는 성향이라고 고백한 바 있다. 그래서인지 그는 글쓰기를 통해 민감함을 자기만의 방식으로 풀어내며, 세상과 적당히 거리를 둔 채 자신만의 세계를 구축했다.

"나는 이 세상에 잘 맞지 않는 것 같아"라고 말했던 내 친구는 본업과는 별개로 심리상담 공부를 하며, 자신의 예민함을 주변 사람들과 자신을 이해하는 창구로 활용하고 있다. 이처럼 일이나 일상, 창조적인 작업 속에 민감함을 녹여 내는 건 삶을 보다 정교하게 살아가는 훌륭한 전략이 될 수 있다.

결국 자신이 가진 기질을 어떻게 돌보고 활용하느냐에 따라 민감함은 삶을 더 깊이 있게 만드는 귀한 자원이 된다. 자신만의 감각으로 세상을 느끼고, 조심스럽게 관계를 맺으며, 섬세한 감정으로 살아간다는 것. 그것이 예민한 나를 데리고 살아가는 지혜가 아닐까. 예민함이 우리를 힘들게 하는 건, 우리가 그 기질을 다루는 법을 배운 적이 없기 때문일지도 모른다.

이제는 자신을 잘 돌보며 자기만의 방식으로 민감함을 품고, 천천히 길들여 가기를. 그럴 수 있다면 매우 예민한 사람Highly Sensitive Person을 넘어 감정과 내면이 잘 다듬어진 깊이 있는 사람Highly Sophisticated Person으로 살아가게 되지 않을까 기대해 본다.

07

백 번 생각보다
한 번 경험이 더 값진 이유

사람을 두려워하던 아이가 있었다. 그는 두려움을 견디지 못해 광대가 되기로 결심한다. 타인의 감정을 이해하는 것도, 타인의 평가와 시선을 감당하는 것도 어려웠던 그는 가짜가 되기로 한 것이다. 속마음은 숨기고 우스꽝스러운 모습으로 방어하는 삶을 선택했다.

나는 어릴 때부터 우리 가족들조차, 그들이 얼마나 고민을 하고, 또 무슨 생각을 하면서 사는지 전혀 짐작하지 못했고, 단지 두려워했으며, 서먹하고 딱딱한 분위기를 모면하고자, 그 '우스운 행동'을 몸에 익혔던 것입니다. 그 결과 나는 언제부턴가 단 한 마디도 본심을 말하지 않는 아이가 된 겁니다. (…)

나는 또다시 경박하고 가식적인 '우스운 배우'로 되돌아온 나 자신을 발견했습니다. 겁쟁이는 행복조차 두려워하는 법입니다.

- 다자이 오사무, 《인간 실격》 중에서

그저 두려움이 많은 평범한 인간일 뿐이었지만, 그는 자신이 '정상' 범주에서 벗어났다고 생각해 괴로워한다. 결국 인간 세계에 어우러지지 못하고 술, 약물 중독, 자살 시도를 통해 스스로를 삶에서 추방시킨다.

이 인물은 소설 《인간 실격》의 주인공 요조다. 나는 '자신의 우울함과 초조함은 철저히 숨기고, 언제나 즐거운 낙천주의자로 가장한다'는 그에게 (부끄럽지만) 친밀감을 느꼈다. 사람에 대한 두려움, 정체성의 혼란, 심리적 고통, 가면을 쓴 삶. 이는 현대인에게 낯설지 않다. 그중에서도 특히 보통의 삶에서 벗어났을까 봐 느끼는 두려움은 얼마나 익숙한가. 모두의 마음속에 자그마한 요조가 살고 있을지도 모른다. 앞에선 웃고 뒤에선 우는 연약한 인간, 우리의 뒷면은 이토록 아프고 짠하다.

요조,
생각이 너무 많아 살아갈 힘이 남지 않은 사람

마냥 순탄하고 행복할 때는 생각을 많이 할 필요가 없다. 하지만 불행이 닥쳤을 때, 어떻게 해야 할지 몰라 우왕좌왕할 때 우리는 생각이 많아진다. 내 삶을 내가 통제할 수 없다고 느낄 때 하루는 길어지고, 그 시간을 대부분 '생각'으로 채운다. 두려움은 그 크기만큼의 걱정과 고민을 만들어 낸다. 따라서 머릿속은 늘 복잡하고 바쁘다. 어쩌면 요조 역시 세상과 사람이 두려워, 그것에 대한 생각을 멈추지 못한 것뿐일지도 모른다. 그렇다면 그의 비극은 생각이 너무 앞서고 경험이 뒤따르지 못했던 삶의 한 단면이었을 것이다.

그런데 요즘의 우리들은 대체로 생각이 많다. 그만큼 두려움이 크다는 얘기다. 그저 평범하게 잘 살고 싶을 뿐인데 그조차 이루기가 쉽지 않다. 불투명한 미래와 복잡한 세상에서 갈피를 잡기 힘든 사람들. 이 모습을 잘 들여다보면 크게 두 가지 불안이 있다.

1. 내가 틀린 건 아닐까?

첫 번째는 '내가 틀린 건 아닐까?'에 대한 불안이다. 중

소기업 4년 차 대리인 민지 씨는 2년 넘게 회사 생활과 공무원 시험 준비를 병행하고 있다. 이틀에 한 번꼴로 야근할 만큼 업무 강도가 세서 몸과 마음이 버겁고 공부에 집중하기가 힘들다. 퇴사를 하고 공부에 몰입하면 점수가 오를 것 같지만, 그럴 용기는 나지 않는다. 그렇다고 공무원 시험을 단념하자니 투자한 시간과 노력이 아깝고 미래가 걱정된다. 이러지도 저러지도 못하는 자신이 답답하고, 이 상황이 지속될까 두렵다. 나는 자책하는 민지 씨에게 무엇이 가장 두렵냐고 물었다.

"내가 틀린 건 아닐까 하는 생각이 들어 두려워요. 이게 정말 맞는지 모르겠거든요. 애초에 이 회사에 들어온 게 멍청한 선택은 아니었을까 싶다가도, 퇴사하고 공무원 준비에 올인하자니 또 그건 그거대로 확신이 없어요. 모험 같은 거 할 나이가 아닌데, 적은 월급이라도 차곡차곡 모아서 결혼 준비나 해야 하는 건 아닌지…. 생각할수록 도저히 모르겠어요."

토해 내듯 쏟아져 나온 속마음은 결코 사소한 걱정들이 아니었다. 어떻게 살 것인가라는, 삶에 대한 근본적인 질문이었기에.

정답이 있다면, 그것을 선택하고 싶은 게 우리 모두의 마음일 것이다. 그러나 인생에는 모두에게 똑같이 적용되는 정답이 없다. 각자의 자질과 처한 상황이 다르기 때문이다. 결국 우리는 살아가며 스스로에게 가장 잘 맞는 답을 찾아갈 수밖에 없다. 그리고 자기 자신에 대해 잘 아는 사람일수록 선택을 잘한다. 자신이 무엇을 좋아하는지, 무엇을 견디기 힘들어하는지, 어떤 환경에서 힘을 내고 어떤 상황에서 쉽게 무너지는지에 대한 경험적 데이터가 축적돼 있기 때문이다. 이 '자기 이해의 축적'은 자존감의 토대가 되고, 자존감은 곧 자기 확신으로 이어진다. 선택의 결과가 어떻든 그것을 감당하며 수정해 갈 수 있다는 믿음이 있다. 그래서 이들은 선택을 마냥 미루지 않고, 한번 결정을 내린 뒤에는 자신의 선택에 최선을 다한다.

그러나 안타깝게도 우리는 자존감을 키우기에 좋은 환경에서 자라지 않았다. 한국의 교육은 '정답 맞히기'와 '줄 세우기'로 요약할 수 있다. 학생 시절 내내 정해진 답을 얼마나 정확히 맞히는지로 평가받아 온 우리는, 은연중에 오답을 '다른 가능성'이 아니라 '실패'로 배웠다. 그 결과, 정해진 틀에서 벗어나는 선택 앞에서 쉽게 위축되고, '내가 틀린 건 아닐까'라는 수치심에 가까운 불안을 느끼게 된다. 요조가 자기 자신을 부끄러워하며 숨기고자 했던 그 감정은, 사실 오늘을 살아가는 많은 이들의 마음속에도 비슷한 형태로 남아 있다.

'내가 틀렸으면 어쩌지', '내 선택이 바보 같은 선택은 아닐까'와 같은 민지 씨의 속마음은 많은 이들이 공통으로 갖는 의문이다. 부족한 자기 확신은 우리를 끝없는 생각의 굴레 속에 가두어 버린다. 우리는 잘못된 길을 가는 건 아닐까 걱정하고, 선택을 후회할까 봐 두려워한다. 그래서 어떤 사람들은 자신의 진정한 욕구와는 상관없이 남들이 보기에 괜찮아 보이는 길을 따른다. 그러다 자신이 원하는 길이 아니었다는 걸 깨닫는 경우도 더러 생긴다.

2. 남들보다 뒤처지는 건 아닐까?

둘째는 남들보다 부족하거나 뒤처질지 모른다는 불안이다. 이를 잘 표현하는 단어가 있다. 고립 공포라 부르기도 하는 '포모Fear Of Missing Out 증후군'은 놓치거나 제외되는 것에 대한 두려움이다. 처음에는 마케팅 분야에서 사용한 용어로, 제품의 공급량을 줄이고 '한정판'이나 '매진 임박' 같은 문구를 붙여 얼른 가지지 않으면 안 될 것 같은 불안을 부추겨 결국 지갑을 열게 하는 방법이다.

마케팅 용어가 사회병리적 현상을 설명하는 용어로 확장된 배경에는 스마트폰 보급과 SNS 확산이 있다. 온라인에는 수많은 정보가 쏟아져 나오고, SNS에는 타인의 삶이 넘쳐 난다. 당연히 아주 쉽게 비교가 일어나고, 그것은 사람의 마음을 흔들어 놓는다. 저 물건을 나만 가지지 못하고, 남들 다 가는 여행을 나만 못 가는 느낌이 든다. 이러한 비교는 끝도 없이 이어지고, 불안은 가라앉을 줄 모른다.

불안은 편도체를 활성화한다. 편도체는 뇌에서 위험을 감지하는 부분으로, 온몸에 위험 신호를 보내는 역할을 한다. 그리고 인간은 이런 불안에 대처하는 방법을 개발했는데, 그것이 바로 생각이다.

위험해! → 얼른 이 문제를 해결해야 해. → 문제를 분석하고 대안을 찾아. → 그리고 또 다른 위험에 미리미리 대비해!

생각은 곧 '판단, 평가, 비교, 분석, 예측, 전략 짜기, 계획 세우기' 등으로 바꿔 말할 수 있겠다. 불안할수록 더 치밀하게 준비하고, 이전 일들을 곱씹으면서 잘못을 분석하는가 하면, 상황과 사람을 판단하려고 한다. 심지어 좋은 일이 일어나도 기뻐하지 못하고 '이래도 되나?' 걱정하고, 사람들이 잘해 줘도 '무슨 꿍꿍이가 있는 건 아닐까?' 하고 의심부터 한다.

여기까지 읽은 독자들은 당연히 이렇게 묻고 싶을 것이다. 열심히 생각해서 원인을 분석하고 불확실성에 대비하고 똑똑한 선택을 내리는 게 뭐가 나쁘냐고 말이다. 그런데 대체로 생각은 습관적으로 반복될 뿐, 문제 해결에 실질적인 도움을 주지 못한다.

정작 공부는 하지 않으면서 시험공부 계획은 치밀하게 세워 본 적이 있는가? (나는 지금도 그렇다.) 계획을 세우는 것만으로 이미 어느 정도 해낸 기분이 들지 않는가? 실제로는 나아진 것이 하나도 없지만, 내 마음 안에서는 어느 정도 통제감을 느꼈기 때문이다. 이처럼 생각을 많이 할수록 마치 삶을 통제하고 있다는 환상에 빠진다.

사람에 대한 두려움도 마찬가지다. 미지의 타인은 그 자체로 불안 요소다. 짧은 시간 동안 상대가 적군인지 아군인지 어떻게 알겠는가. 그러나 미지의 상태로 계속 둔다는 건 불안감을 높이는 일이기에, 타인을 빠르게 판단함으로써 일단 나를 안심시킨다. 그가 실제로 누구든, 적군이라 판단하고 피하면 그만인 것이다.

불안이 높은 현대인들은 '아는 상태', '통제 가능한 상태'를 선호한다. 섣부른 판단이 초래하는 부작용을 감수하고서라도 말이다. 그러다 언젠가부터는 단순히 습관 때문에 계속 생각을 하게 된다. 불안이 스멀스멀 느껴지면 생각 공장은 재빠르게 가동된다. 아무리 생각해도 기분이 더 좋아지지 않고, 문제도 그대로라는 것을 깨달은 후에도 생각을 멈출 수가 없다. 별 도움도 안 되는 걱정과 후회

를 반복하며 괴로워하면서도 생각하지 않는 시간을 견디
지 못한다.

조르바,
지금 이 순간에 온전히 집중하는 사람

잘 살고 싶어서, 안심하고 싶어서, 행복하고 싶어서 생긴
습관이 도리어 나를 괴롭게 하는 원인이 된다. 생각 공장
을 부지런히 돌릴수록 평안과 행복은 더 멀어진다. 그 이
유는 '진짜 삶'에서 멀어지기 때문이다. 두려움을 덜어 내
기 위해 생각으로 도망칠수록 진짜 기쁨에서도 멀어진다.
아름다운 것을 보고 감탄할 때, 거기엔 생각이 끼어들
틈이 없다. 귀여운 아기나 강아지를 볼 때, 맛있는 음식을
음미할 때, 거기엔 생각이 없다. 사랑하는 사람과 포옹할
때나 격렬한 운동을 하며 내 몸에 집중할 때, 거기에도 생
각이 없다. 그저 집중할 뿐이다. 쓸데없는 걱정이나 부질
없는 후회 따위는 조금도 허용하지 않고 그야말로 지금을
충실히 산다.
소설 《그리스인 조르바》 속의 조르바가 바로 그런 삶을
사는 인물이 아닐까. 그는 먹을 땐 먹기만 하고, 일할 땐 일

에 집중하고, 사랑할 땐 사랑만 한다. 자유로운 그는 '카르페 디엠(지금 이 순간에 충실하라는 뜻의 라틴어)'을 살아 낸다.

"나는 어제 일어난 일은 생각 안 합니다. 내일 일어날 일을 자문하지도 않아요. 내게 중요한 것은 오늘, 이 순간에 일어나는 일입니다. 나는 자신에게 묻지요. '조르바, 지금 이 순간에 자네 뭐 하는가?', '잠자고 있네', '그럼 잘 자게', '조르바, 지금 이 순간에 자네 뭐 하는가?' '일하고 있네', '잘해 보게', '조르바, 자네 지금 이 순간에 뭐 하는가?', '여자에게 키스하고 있네', '조르바, 잘해 보게. 키스할 동안 딴 일일랑 잊어버리게. 이 세상에는 아무것도 없네. 자네와 그 여자밖에는. 키스나 실컷 하게'"

- 니코스 카잔차키스, 《그리스인 조르바》 중에서

생각에 찌든 현대인으로서 조르바라는 인물을 보면 판타지 같다는 느낌마저 든다. 아마 직장에 조르바 같은 사람이 있다면 아예 엮이고 싶지 않을지도 모른다. 그렇지만 그의 자유로움과 가벼움이 부러운 것은 어쩔 수가 없다.

진실한 자기 모습을 숨기며 살았던 요조와 달리, 조르바는 자신 그 자체이다. 먹고 있는 조르바를 본다면 '먹고 있는 조르바' 그 이상도 이하도 아닐 것이다. 하지만 먹고 있는 요조를 본다면 우리는 결코 요조의 속마음을 짐작할 수 없으리라. 인간의 유형을 단순화하여 나눌 수는 없겠지만, 요조가 서 있는 반대편 어딘가에 조르바가 서 있지 않을까 상상해 본다.

지금 우리의 삶은 요조와 조르바 가운데 어디에 더 가까울까. 확실한 건, 요조에 가까운 삶에는 후회가 더 많으리란 것이다. 자신을 평가하고, 걱정하고, 불안을 대비하느라 너무 피곤하지만, 정작 자신을 위해 누린 것은 거의 없는 건조하고 팍팍한 삶. 그런 결말을 원하지 않는다면 우리는 인생의 무게 중심을 조정해야 한다. 요조 쪽에 기울어 있다면, 그 무게 중심을 조르바 쪽에 더 가깝도록.

08

일할 때 일하고 사랑할 때
사랑하는 삶에 후회는 없다

인생을 극명하게 다른 방식으로 살아간 《인간 실격》의 요조와 《그리스인 조르바》의 조르바. 두려움에 짓눌려, 사는 내내 겉돌기만 한 요조와 달리, 조르바는 지금 여기 눈앞의 삶에 충실하다. 그리고 불안의 시대를 살아가는 우리는 조르바를 부러워하면서도 그렇게 살지 못한다. 그 이유를 알려면 인간이 느끼고 생각하는 방식을 살펴볼 필요가 있다.

길을 가다가 낯선 사람이 말을 걸어오는 상황을 가정해 보자. 그 순간 우리는 타인의 정체를 알 수 없어서 불안감을 느낀다. 그리고 그런 느낌이 떠오르자마자 '이상한 사람 아니야?'라고 생각하고 경계한다. 고작 1초 남짓한 시간에 '이 사람을 피해야 해'라는 판단에 이른 것이다. 정작 그 낯선 이에 대해 아는 게 전혀 없음에도 불구하고 말이다.

이처럼 느낌은 생각과 행동으로 곧장 이어진다. 행동과학자들은 그 이유를 느낌이 생존과 관련해 중요한 역할을 해 왔기 때문이라고 설명한다. 살아남기 위해서는 이로운 것에 다가가고, 해로운 것은 피해야 한다. 이때 안전한 선택을 내리게 하는 도구가 바로 느낌이다.

예를 들어 영양가가 풍부한 신선한 과일을 보면 느낌이 좋지만, 썩은 열매의 외관과 냄새는 불쾌감을 일으킨다. 순한 기질의 강아지가 다가오면 기분이 좋지만, 저 멀리서 맹수의 발자국 소리 같은 게 들려오면 불안이 엄습한다. 이렇듯 느낌을 통해 신선한 열매나 귀여운 강아지는 가까이하고, 해로운 음식이나 맹수는 피할 수 있게 된다. 이는 유전자에 각인된 매우 자동적인 시스템이며, 우리에겐 본능적으로 이로운 것과 해로운 것을 구분하는 생존 능력이 있다.

그런데 문제는 요즘 환경이 열매를 따 먹고 맹수를 피해야 했던 과거와는 너무나 달라졌다는 점이다. 과거의 느낌은 대개 진실을 가리켰으므로, 그저 느낌에 몸을 맡기면 그만이었다. 하지만 현대에 와서는 좋은 느낌을 주지만 나를 해롭게 하는 것들이 무척 많다. 패스트푸드, 초가공식품, 설탕 덩어리 음식들은 먹음직스러워도 실제로는 몸에 해롭다. 불안도 마찬가지다. 중요한 시험이나 새로운 도전 앞에서 불안하다는 이유로 포기하면, 인생은 발전 없이 정체돼 버린다. 이렇듯 현대에 와서 느낌은 더 이상 안전한 선택을 내리게 해 주는 도구가 되지 못한다.

그래서 느낌에 큰 의미를 두지 말고, 그저 마음속에서 일어났다 사라지는 '현상'으로 받아들여야 한다. 물론 우리는 인간이기에 호불호를 느끼고, 그와 동시에 '이건 좋고, 저건 싫어'라고 생각한다. 하지만 좋고 나쁨을 단정 짓고 이에 집착하는 것이 과연 나에게 이득일까? 달콤한 과자의 맛을 알아 버린 어린아이가 야채를 안 먹겠다고 할 때 어르고 달래어 올바른 식습관을 익히게 하듯이, 어른인 우리도 "실수하기 싫어. 실패하기 두려워. 그러니까 난 아무 시도도 하지 않고 집에만 있을래"라는 생각을 바꾸도록 스스로를 이끌어야 한다. 그러려면 불안을 그저 느낌일 뿐이고, "난 안 될 거야, 난 실패할 거야"와 같이 불안이 만들어 낸 생각은 사실이 아님을 알아야 한다.

차라리 '나는 모른다'라는 태도가
훨씬 현명한 이유

생각에 연연하지 말아야 할 이유가 하나 더 있다. 인간의 판단력에는 본질적인 한계가 있기 때문이다.

한때 옳고 좋아 보이던 것이 훗날 나쁜 결과로 이어지는 일은 우리 삶에서 비일비재하다. 젊어서 거둔 성공 경험이 자만심을 불러와 오히려 그 사람을 위험하게 만들기도 한다. 반대로 숱한 실패를 발판 삼아 자신에게 잘 맞는 길을 찾아가고 성숙해지는 사람들도 많다. 이처럼 우리가 좋고 나쁘다고 내리는 판단은 자의적이고 현재에 기반해 있다. 한마디로 그저 우리가 붙이는 이름표일 뿐, 우리는 정작 무엇이 좋고 나쁜지 알 수 없다는 뜻이다.

폴란드의 시인 비스와바 쉼보르스카는 노벨 문학상 수상 기념 연설에서 '나는 모른다'라는 태도를 지니는 것이 중요하다고 말했다. 아마 그녀는 '나는 모른다'라는 겸손한 태도를 가지고 세상 모든 것을 자세히 들여다보며, 아주 오랜 시간 언어로 바꾸는 작업을 해 왔을 것이다. 하지만 우리는 어떤가. 첫인상만으로 사람을 속단하고, 한 번 실패하면 인생이 끝장난 것처럼 절망하지 않았던가.

생각은 섣불리 더하기보다 덜어 내는 편이 좋다. 차라리 무지의 상태가 낫다. 부부 사이도 '저 사람 또 저런다'는 식으로 서로 다 아는 척하는 커플보다, '나는 아직도 저 사람에 대해 모르는 게 참 많지'라고 생각하는 커플이 갈등을 더 건강하게 해결하고 행복한 결혼 생활을 할 가능성이 크다. 마찬가지로 인생에서 지금 내 앞에 벌어지는 일에 대해 섣불리 판단을 내리기보다 전적으로 수용해 보는 건 어떨까. 아무리 머리를 굴려도 삶이 나를 어디로 데려다줄지, 우리는 결코 알 수 없기 때문이다.

내게 주어진 모든 것을 맛보겠다는 일념으로 살아갈 것

그리스 신화에서 태초의 신 중 하나인 빛의 신 아이테르는 밤의 여신과 암흑의 신 사이에서 태어났다. 생각해 보면 어둠이 있기에 빛의 밝음을 알 수 있다. 반대로 빛이 없으면 어둠도 없다.

슬픔이나 불행 없이는 행복한 순간을 행복으로 받아들일 수 없다. 사랑이 깊을수록 헤어질 때의 아픔과 상실감은 크다. 이처럼 좋고 나쁨, 옳고 그름은 동전의 양면과 같아 단절되어 있지 않다. 모든 것은 이어져 있다.

"그래서 나는 밤에 어딘가에서 벌어지는 불꽃놀이보다 더 아름다운 순간은 없다고 생각해. 파란색과 녹색의 조명탄들이 어둠 속으로 높이 올라가 가장 아름다운 순간에 작은 곡선을 그리면서 사라지는 거야. 그래서 사람이 그 광경을 보고 있으면 행복감도 느끼지만 동시에 금방 사라지기 때문에 두렵기도 한 법이지. 행복과 두려움이라는 감정은 서로 연결되어 있는 거야. 그래서 불꽃이 오래 지속되는 경우보다 훨씬 더 아름답게 느껴지는 것이지. 그렇지 않은가?"

- 헤르만 헤세, 《크눌프》 중에서

너무 행복할 땐, 그것이 사라질까 두렵고, 정말 아름다운 것을 만나면, 그것이 변할까 봐 걱정된다. 그러나 상실과 변화가 두려워 행복마저 포기하는 어리석은 사람이 있을까. 결국 인생 앞에서 우리가 취할 수 있는 태도는 딱 하나다. 지금 이 순간 내게 주어진 모든 것을 온전히 받아들이고 경험하기로 마음먹는 것. 곧 사라질 생의 면면을 놓치지 않고 누린다는 심정으로 살아가는 것.

인생을 해결해야 할 문제로 보는 한, 우리는 쉬지 않고 비교하고 평가하고 대비할 것이다. 그러나 앞서 살펴봤듯 인간의 생각에는 오류도 많고 한계도 있다. 그런데도 생각의 힘에만 기대어 살아가려고 하면, 생각하는 데 에너지를 다 쓰게 되어 지금 여기의 삶에 집중할 여력이 없다. 고민만 많이 할 뿐, 정작 해 본 건 별로 없는 사람이 되어 버린다.

더 이상 그런 수많은 생각 속에 표류하는 삶을 원치 않으므로, 나는 다짐해 본다. 이 삶 안에서 나에게 주어지는 것들을 모두 마주하고, 포장지가 어떠하건 기꺼이 열어 보겠다고. 갈림길 앞에서 망설이는 데에 시간을 낭비하기보다, 만나고, 경험하고, 느끼면서 살 것이다. 생각 속에 빠져 사는 대신, 지금 여기를 뚜벅뚜벅 걸으며 남김없이 맛보고 소화시킬 것이다.

그러니 여러분도 그저 경험하고 느꼈으면 좋겠다. 두려움에도 불구하고 그 모든 것을 기꺼이 받아들이겠다는 태도로, 하루하루를 가볍게 살아갈 수 있기를. 한순간도 놓치기 싫은 어떤 날의 데이트처럼. 생각과 계산, 걱정은 내려놓고 그저 살아가라. 모든 경험과 감정을 기꺼이 마주하는 용감한 당신에게 응원을 보낸다.

Chapter 3

쓸데없는 일에
신경을 끄고
지금 내 삶에
집중하는 것이 먼저다

후회하기 전에 읽는 심리학

이대로 살긴 싫은데, 바꾸자니 두려운 사람들에게

얼마 전 모처럼 한 시간 남짓한 자유 시간이 생겼다. 좋은 책을 읽으며 귀하게 써야지 하는 마음으로 신중하게 책을 고르는데, 그만 20분이 지나 버렸다. 맙소사, 소중한 내 휴식 시간의 반이 아무것도 못한 채 증발해 버린 것이다.

며칠 뒤 '넷플릭스 증후군'이라는 단어를 보고 피식 웃음이 났다. 이는 정작 영화나 드라마를 감상하는 시간보다 콘텐츠 목록만 훑는 시간이 더 길어지는 현상을 일컫는다. 신중하게 결정하려다가 시간을 흘려 버리는 것이다. 두 시간짜리 영화를 고르려다 30분을 날리고, 결국 유튜브를 봤다는 사람들이 많다. 책을 고르다가 자유 시간의 반을 써 버린 내 모습이 겹친다.

그리고 여기에는 다 이유가 있다. 볼 만한 영화가 너무 많고, 소중한 시간을 효율적으로 보내고 싶은 마음은 크다. 과도하게 많은 선택지와 효율을 앞세운 욕구가 만나 선택을 미룬다. 영화 한 편이 두 시간이나 되는데 기대에 한참 못 미치면 시간을 낭비한 것 같아 억울하고 손해를 보는 느낌이다. 그리고 그건 꽤 고통스러운 일이다.

인간은 얻는 것보다 잃는 걸 훨씬 더 싫어한다

영화나 책을 고를 때 손해 보는 느낌은 애교로 봐줄 만하다. 하지만 일이나 인간관계로 가면 그것이 인생을 좌우하기도 한다.

이직할 기회를 엿보면서도 결국 한 회사를 10년 넘게 다닌 민국 씨의 사연을 들어 보자. 대학을 졸업하고 공무원 시험 준비와 일반 기업 입사 준비를 병행하던 그는 경제 활동을 더는 미룰 수 없어 지금 다니는 회사에 입사했다. 당시 그는 언제든 더 좋은 회사에 이력서를 넣을 생각이었고, 여차하면 시험공부를 다시 할 마음도 있었다. 그래서 일까. 직장 생활 내내 적극적이지 못했다. 마음은 늘 딴 곳을 기웃거리며 그렇게 10년이 지났다. 그는 말한다. "지금 이 회사가 아주 만족스러운 건 아니었지만, 그렇다고 쉽게 퇴사할 정도도 아니었어요. 이직을 적극적으로 하기엔 여기가 애매하게 괜찮았던 거죠."

많지는 않지만 적지도 않았던 급여. 그럭저럭 좋은 사람들과 안정적인 편에 속하는 회사. 그것이 그가 다른 시도를 하지 못한 이유였다고 말한다. 지금 가진 것을 버리고 새롭게 시도한다는 건 단순한 용기 이상의 무언가를 요구한다. 바로 손실을 감수할 각오다. 선택을 주저하고, 결정을 미루고, 그렇다고 지금의 내 삶에 아주 적극적이지도 않은, 그야말로 이러지도 저러지도 못하는 마음 아래에는 손실에 대한 두려움이 있다. 손실 회피를 넘어 손실을 혐오하는 경향을 어떻게 이해할 수 있을까.

손실 회피는 곧 상처 회피다. 손실은 상처를 남긴다. 한창 성공을 거둔 유튜버들의 억 소리 나는 수익이 화제가 되었을 때, 직장인들은 "회사 때려치우고 유튜브나 할까?" 라는 말을 많이 했다. 하지만 정말 때려치운 사람은 극소수다. 유튜버를 고려했던 직장인 중 콘텐츠를 단 한 번도 만들어 보지 않은 사람이 무려 85퍼센트에 이른다고 한다.

당연하다. 유튜버의 길이 직장에서 받는 급여와 안정성을 보장해 주지 않으니까. 아이디어를 구상하고 어렵게 촬영과 편집을 거쳐 업로드한다 해도, 조회수가 잘 나오리라는 확신을 갖기 어렵다. 조회수가 한 자릿수에 머물면 '괜히 아까운 시간만 날렸다'라는 생각이 들 수 있다.

그때의 기분은 상처로 남을 수 있다. 일에서 느낀 실패감은 내가 실패했다는 느낌으로, 더 나아가 '못난 나'라는 부정적인 자아상으로 이어져 사람을 주눅 들게 하고 결국 숨어 버리게 한다. 그러니 어찌 쉽게 도전하겠는가. 이 사회는 실패자에게 또 얼마나 야박한가.

보통의 우리는 성공하고 싶은 간절함보다 실패에 대한 두려움이 커서 뭔가를 시도할 때 주저한다. 바둑기사 조훈현 9단은 "이기는 기쁨에 비해 지는 고통이 너무 커서 결국 이기기 위해 복기한다"고 했다. 이기는 기쁨은 강렬하고 짧지만, 지는 고통은 지독하고 길다. 성공의 맛은 잠깐의 쾌락을 느끼게 하지만, 실패의 맛은 나를 나락으로 내몰 것만 같다.

손실 혐오는 사람들이 시도를 꺼리는 이유를 잘 설명한다. 우리 사회에는 성공하고 싶어 무슨 일이든 할 준비가 된 사람들이 넘쳐 나는 듯하지만, 실은 실패를 극도로 피하고 싶은 사람들로 가득하다. 게다가 요즘은 무엇이든

'가성비'를 따진다. 그러나 가성비를 따지다 보면 좀처럼 성공적인 경험을 하기 어렵다. 조금이라도 만족스럽지 못한 선택은 시간 낭비, 감정 낭비로 여겨지기 때문이다.

노벨 경제학상을 받은 심리학자 대니얼 카너먼은《생각에 관한 생각》에서 "사람들은 같은 크기의 손실을 이득보다 두 배 더 아프게 느낀다"라고 했다. 손실은 감정적으로 우리를 지배한다. 그래서 손익을 따져 보기도 전에 먼저 잃을 수도 있다는 생각이 행동을 지배하게 된다고 설명한다.

손실은 단순히 숫자나 사실로서가 아니라 감정적인 통증으로 다가오기 때문에, 우리는 종종 '이성적인 선택'보다 '상처받지 않을 선택'을 한다. 그런데 무엇이 그렇게 우리에게 상처를 주는 걸까? 우리는 왜 이렇게 손실에 대해서는 크게 아픔을 느끼는 걸까?

손실은 금전적, 시간적 손실에서만 그치지 않는다. 그 사건은 우리에게 어떤 느낌을 남기는데, 바로 내가 손실 그 자체가 되는 느낌이다. 예를 들어 우리는 어떤 일에 실패했을 경우 "실패했다"라고 말하기보다 "나는 실패자야"라고 말한다. 그러나 실패와 실패자는 다르다. 실패는 사건에 국한되지만, 실패자는 정체성이다. 같은 의미에서 "경제적으로 힘든 상황이야"와 "나는 가난한 사람이야"도

다르다. 그런데 손실을 볼 경우, 우리는 너무 쉽게 그 사건을 자신의 본질이나 정체성으로 받아들인다. 이처럼 손실을 단순히 무언가를 잃는 사건이 아니라 나 자신이 틀렸다는 증거처럼 느끼기 때문에, 우리는 우리 자신이 못나고 무가치해질까 봐 필사적으로 피하려고 든다.

인생을 진짜 가성비 있게 사는 법

우리는 늘 다른 가능성에 대한 갈망과 지금 가진 것을 지키고 싶은 마음 사이에서 흔들린다. 가진 것을 잃을까 봐 새로운 시도를 망설이면서도, 지금 가진 것에 만족하지 못해 자꾸 여기가 아닌 다른 곳을 기웃거린다. 그렇게 변화를 시도하지도, 현재에 머물지도 못하는 상태가 된다. 가능성과 손실 사이에서 소진되는 나날이 이어진다.

그런데 한편으로 손실에 대한 두려움은 종종 우리가 얼마나 많은 것을 가졌는지를 보여 주는 지표다. 잃을 것이 없으면 자유롭지만, 반대의 경우는 지켜야 하기에 불안하다. 만약 변화가 두렵다면 '아, 내가 무언가를 잃기 두려워하는구나. 그것이 무엇이지?' 하며 지금 내가 가진 것이 얼마나 소중한지를 들여다볼 필요가 있다. 선택하는 용기든,

머무는 확신이든 자신의 삶을 온전히 살아 내는 것이 중요하기 때문이다.

변화하고 싶지만 자신이 없는 사람들에게 힘을 실어 주자면, 두려움의 본질은 경험하지 않은 감정에 대한 공포라는 점을 강조하고 싶다. 많은 심리학자가 말한다. 우리는 모르는 것을 가장 두려워한다고. 실수도 실패도 막상 겪고 나면 생각보다 별일 아닐 때가 많다. 우리가 그것들을 두려워하는 건 그 경험이 무섭다기보다 그로 인해 어떤 감정을 느끼게 될지 알 수 없기 때문일 것이다. 어떤 선택이 원하는 결과에 미치지 않았을 때, 그로부터 밀려올 감정들을 마냥 피하고 싶다. 하지만 막상 그 감정을 한번 겪고 나면 우리는 안다. 그 감정은 내면의 파동일 뿐이고 결국엔 지나간다는 것을. 그리고 경험이 쌓일수록 감정을 다루는 일에도 서서히 익숙해진다. 그러니 손해나 실수를 애써 피하려 하기보다는, 두려움을 줄이기 위해 오히려 더 많이 경험해 봐야 하는 건지도 모른다.

영화 〈먹고 기도하고 사랑하라〉의 원작자로 잘 알려진 작가 엘리자베스 길버트도 이와 비슷한 이야기를 한다. 저서에서 결혼의 실패, 감정의 붕괴, 삶의 방향을 잃는 경험을 풀어냈던 그녀는 그 이후에도 사랑하는 이의 죽음과 창작에 대한 두려움 등 수많은 감정의 파동을 정면으로 마주하며 겪어 냈다. 그녀의 결론은 이 말에 담겨 있다. "두려움은 결과를 알 수 없는 것에서 온다. 하지만 그 미지의 결과 속으로 들어가는 경험이야말로 우리를 성장시킨다."

그 마음을 모르지는 않는다. 손해 보고 싶지 않은 마음, 손실을 회피하다 못해 혐오하는 그 마음을. 그건 통증으로부터 나를 지키고자 하는 본능적인 자기 보호일 뿐이다. 제 자식 아픈 꼴 못 보는 부모의 마음처럼, 우리 스스로가 소중하기 때문에 아프지 않길 바랄 것이다. 그럼에도 현명한 부모는 자식이 소중하다고 품에만 안고 있지는 않을뿐더러, 모든 손실과 위험을 없애기 위해 집에만 가둬 두지도 않는다.

이기는 기쁨보다 지는 고통이 너무 커서 복기를 한다는 바둑기사 조훈현의 말을 곱씹어 본다. 복기하지 않고 승리한 바둑기사는 없을 것이다. 복기를 위해선 게임을 해 본 경험이 필요하다. 그러나 우리는 작은 손실도 허락하고 싶지 않아 복기할 경험조차 하지 않고 살아가는 것은 아닐까.

넘어지기 싫어서 자꾸만 집에 있으려는 아이를 달래어 자전거를 가르치듯, 우리도 필요한 순간엔 자신을 세상으로 내보내야 한다. 그것이 어쩌면 내 인생을 가장 '가성비 있게' 살아가는 방식일지도 모른다.

밖에서 답을 구하려고 하면 흔들릴 수밖에 없다

공적으로도 사적으로도 상담 요청을 받곤 한다. 특히 글과 상담의 교집합이 되는 고민 사연에 글로 답을 할 기회가 많다. 누군가의 고민에 답을 하는 건 조심스럽고 어렵다. 그럼에도 요즘 사람들이 주로 어떤 고민을 안고 살아가는지 아는 건 상당히 의미 있다. 많이 묻는 사연들을 정리해 보면 가령 이런 것이다.

회사에서 스트레스를 많이 받는데 이직할까요? 좋아하는 일을 해야 하나요, 안정적인 일을 해야 하나요? 이런 사람과 결혼해도 될까요? 이 친구와 손절해야 하나요? 가족 문제로 힘든데 어떻게 하면 좋을까요? 등등.

어찌 보면 너무 개인적인 선택의 문제라 처음엔 이런 주제에 관여해도 괜찮을까 싶었다. 그러다 고민의 데이터가 쌓이자 한 가지 결론에 가닿았다. 중요한 건 답이 아니었다. 이런 고민에 대한 답을 타인에게 요청할 수밖에 없는 마음에 관심을 기울일 필요가 있었다. 질문 이면에 숨겨진 진짜 마음. 오롯이 그 자신이 해답을 찾아야 할 질문을 타인에게 하는 이유가 무엇일까.

거기엔 두려움이 있다. 틀린 길을 갈지도 모른다는 두려움, 잘못된 길을 갔다가 후회할지도 모른다는 두려움, 잘못된 선택으로 이 결혼이, 회사 생활이, 인간관계가 엉망이 될지 모른다는 두려움이 있다. 그래서 최대한 좋은 선택이 무엇인지 그 정답을 얻기 위해 도움을 요청하는 것이다.

우리는 정답을 알고 싶다. 되도록 시행착오를 거치지 않고 알고 싶다. 마치 학생 시절 문제집의 정답지를 들춰 보듯이 내 삶의 빈칸에 정확한 답을 써넣고 싶다. 물론 사는 데 있어서 정답 따위는 없고, 나에게 맞는 답을 찾으면 된다는 걸 이미 알고 있다. 하지만 이것이 '나의 정답'이라는 확신은 좀처럼 생기지 않는다. 안타깝게도 확신을 갖기에 지금의 현실은 너무나 복잡하기 때문이다. 넘쳐 나는 정보와 너무나 빠르게 변화하는 사회에서 중심을 잡기란 쉽지 않기에, 많은 이들이 선택을 미루고 도움을 요청한다.

아무리 책을 읽고 조언을 구해도
삶이 제자리인 이유

지금 이 글을 읽는 독자들도 비슷한 마음을 안고 있지 않을까. 나 또한 답을 구할 수 있으리란 희망을 품고 심리서를 뒤적거리곤 했다. 이에 그치지 않고 대학 시절엔 심리학을 부전공으로 선택했다. 급기야 대학원에 진학해 심리학을 깊이 파고들었다. 심리학이 나를 구제해 줄 것만 같았기 때문이다. 성격심리학을 배울 땐 모든 게 내 얘기 같았다. 발달심리학을 배울 땐 내 성장 과정을 되짚어 보게 되었다. '내가 이래서 힘들었구나', '아, 우리 엄마 아빠가 이런 부분이 힘들었겠구나', '내 친구가 우울해하는 이유가 이것 때문일지도 몰라' 하며 나와 내 주변 사람들에 대한 힌트를 얻었다.

돌이켜보면 학문에만 의지한 건 아니었다. 20대에는 성당의 청년 활동을 부지런히 하면서 마음을 종교에 기댄 날도 있었다. 성서를 공부하고 신부님의 말씀에 귀를 기울이며 어떻게 살아가야 하는지를 고민했다. 또 성당에서 만난 사람들과 서로 의지하고 격려하며 살아갈 힘을 얻었다. 하지만 그것만으로도 충분치 않아서 불교 철학을 파고들기도 했다. 때로는 인생 선배를 찾아 고민을 털어놓았고, 오랜 시간 심리상담 선생님의 도움을 받아 내 마음의 문제를 해결해 보려고도 했다. 심지어 별자리 운세나 사주팔자 같은 것을 찾기도 했다. 그 모든 노력 아래에 잘 살아가고 싶은 욕구가 있었고, 틀린 길을 가고 싶지 않다는 두려움도 있었다.

이렇듯 나를 포함한 많은 사람이 다양한 존재와 지식의 힘을 빌려 삶의 어려움을 풀어 보려 노력한다. 사는 내내, 내 삶의 해결사를 찾아 헤맬 수밖에 없다는 건 인간의 어쩔 수 없는 연약함을 보여 준다. 생각해 보라. 인간은 얼마나 불완전한가. 스스로 먹을 수도, 잘 수도 없어 마구 울어 대기만 하는 갓난아기, 하고 싶은 건 많지만 할 수 있는 게 제한적인 어린아이, 미성년 딱지를 떼었지만 일도, 사람도, 사랑도 뭐 하나 쉽지 않은 어른, 삶의 소중한 진리를 알아 갈 즈음에 죽음이라는 세계로 건너가야 하는 노년의 운명까지. 그저 가엾고 짠할 뿐이다. 그런 인간의 한계와 연약함 때문에 우리는 신을 찾고, 돈을 주고 사주팔자를 보러 간다.

그러나 그 시도가 항상 성공적이지는 않다. 종교를 찾아도, 돈을 주고 내 미래를 점쳐도, 심리서를 뒤져 보아도 늘 또 다른 어려움은 생겨나고, 근본적으로 내 삶이 해결되진 않는다. 나 또한 늘 기대를 품고 무언가를 찾았지만 여전히 삶은 어려웠다. 대학원을 진학한 후에 심리상담사로 바로 진로를 정하지 못했던 이유 중 하나는 내가 그 일을 잘 해낼 자신이 없어서였다. 상담을 요청하는 내담자의 마음을 너무나 잘 알았고, 그걸 채워 줄 만한 깜냥이 되지 않는다는 사실이 나를 움츠러들게 했다. 내가 아무리 열심히 공부해도 타인의 문제를 전부 해결해 줄 수 없다는 걸 알았기에 두려웠다. 고민을 안고 나를 찾아오는 내담자와 똑같이 연약하고 한계가 많은 존재인 내가 어떻게 아픈 마음을 치유하고 어려움을 해결해 줄 수 있다는 말인가.

그동안 간과했던 사실, 답은 이미 내 안에 있다

그러나 돌고 돌아 나는 결국 심리상담가의 길을 걷게 되었는데, 그 과정에서 얻은 중요한 깨달음 덕분이었다. 그건 그 무엇도, 그 어느 누구도 나를 구원해 줄 수는 없다는 사실이었다. 나는 심리학이든 종교든, 아니면 별자리 운세든 무엇인가를 간절히 찾을 때면, 거기에 뾰족한 비법이 있어서 나를 구제해 주었으면 하고 내심 바랐다. 그러는 동안 내가 간과한 사실이 있었는데, 이 삶의 주체는 나이며, 그렇기에 나 자신이 중요한 열쇠여야 한다는 것이다.

살아가는 한 나라는 존재의 운전대를 다른 누구에게 넘겨 줄 수 없다. 그렇기에 우리는 해답을 밖에서 찾으려 하지만, 가장 중요한 해답은 실은 우리 안에 있다.

심리학적 지식이나 심리치료는 사람을 구원하지 못한다. 그저 나와 타인을 이해하고, 자아를 건강하게 키워 가도록 도울 뿐이다. 해결사가 아니라 안내자 혹은 보조자에 가깝다. 그렇게 심리치료에 대한 환상(?)이 깨지고 나서야, 나는 심리상담사가 될 수 있었다. 내가 누굴 구원해 줄 수 있는 존재가 아니라는 것은 진작에 알고 있었지만, 사실 그래서도 안 되었다. 누구나 자신이 자신의 구원자가 되어야 한다. 심리상담가로서 내담자에게 해 줄 수 있는 건 그 길에서 필요한 적절한 질문을 통해 자신에 대한 이해를 돕는 것이다. 한걸음 더 나아가 자신이 겪은 경험과 감정을 잘 통합하도록 이끌어 주는 것뿐이다. 변화와 성장을 만드는 결정적인 요인은 결국 그 자신이기에.

나는 연약하고 한계 많은 존재인데, 어떻게 내가 그럴 수 있을까? 나의 무엇이 나를 잘 살아가게 할 수 있을까? 누군가 내게 이렇게 묻는다면 진부한 표현처럼 느껴질지 모르지만 '이해, 믿음, 사랑'이라고 말하고 싶다. 나를 있는 그대로 이해하는 것은 나를 위한 선택을 해 나가는 데에 강력한 힘이 된다. 누구보다 나를 잘 아는 내가 나를 믿어

주는 것은 외부의 미움이나 비난 등 주변 상황이 나를 등
진 것 같은 힘든 시기를 꿋꿋하게 걸어가게 하는 힘이 된
다. 나를 사랑하는 힘은 아무것도 할 줄 모르는 갓난아이
가 무수한 실패를 통해 두 발로 서고, 숟가락질하는 것처
럼 큰 성장을 만들어 낸다.

이렇듯 나의 힘에 의지하는 것이야말로 삶을 나아가게
하고 어려움을 풀어 가는 유일한 비법이다. 그 깨달음 덕
분에 나는 이제 부담을 덜고 고민 사연에 답을 써 내려간
다. 자신을 이해하고 자신과 좀 더 친해지도록, 그래서 자
신의 답을 찾을 수 있도록 돕는 단어와 문장을 골라서 완
성한다. 상담할 때도 내담자가 길을 잘 찾아 나갈 수 있도
록 얼마간 함께 걸어간다는 마음으로 임한다. 내담자가 자
신을 사랑하는 힘을 키우고 스스로 잘 돌볼 수 있도록 돕
는 것. 타인으로서 할 수 있는 건 그뿐이다.

의외로 필요한 건 지지와 응원뿐

아주 오랜만에 연락이 닿은 친구가 한동안 힘들었다는
고백을 해 왔다. 그동안 휴직을 했고 오랜 기간 상담의 도
움을 받아 지금은 많이 좋아졌다고 했다. 짧은 메시지였음

에도 그녀가 겪었을 아픔과 나아지기 위한 노력이 눈에 그려지는 듯했다. '많이 아팠구나. 많이 애썼구나.' 힘든 시기에 도움을 주지 못했다는 미안함도 잠시, 잘 이겨 낸 친구가 대견하고 존경스러웠다.

감정이 차올라 긴 메시지를 쓰다가 지우고 짧은 말로 대신했다. 상담의 도움을 받아 나아질 수 있는 것도 다 너의 힘이라고, 대단하다고. 그랬더니 그녀도 내 말에 수긍했다. 상담 선생님도 포기하지 않고 상담실에 꾸준히 온 그녀의 힘을 격려해 주셨단다. 정말 기뻤다. 친구는 "상담 선생님이 내 정서적 엄마야"라고 해맑게 말했다.

정서적 엄마. 여전히 성장해야 할 우리에게는 정서적 엄마가 필요하다. 밥을 떠먹여 주고, 기저귀를 갈아 줄 엄마 말고, 내가 스스로 잘 이겨 낼 수 있도록 뒤에서 지켜봐 주는 정서적 엄마. 그런 정서적 엄마의 자리가 내면에 자리 잡으면 우리는 자신의 힘으로 자라난다. 스스로 회복하고 앞으로 나아간다. 더 이상 정서적 엄마를 현실에서 직접 만나지 않더라도 괜찮다. 나를 항상 지지해 주는 따뜻한 엄마의 이미지가 내 마음에 선명히 자리 잡았기 때문에.

답을 찾기 어려운 요즘 같은 세상에서 가장 경시되기 쉬운 것이 '내가 가진 힘'이 아닌가 싶다. 여전히 수많은 심리서와 콘텐츠가 쏟아져 나오고, 여전히 밖에서 답을 찾으려는 사람들이 그 책을 사고 콘텐츠를 클릭한다. 노력해도 나아지지 않는 것 같을 수 있다. 그래도 괜찮다. 더 나은 삶을 이뤄 낼 수 있는 힘을 이미 가지고 있기 때문에.

고민 끝에 서점을 서성거리다가 이 책을 집어 든 것, 병원을 찾아가 도움을 받는 것, 가족이나 친구에게 "나 사실 많이 힘들어"라고 말을 꺼내는 것, 누구에게라도 "너무 막막해. 어떻게 살아야 할지 모르겠어"라고 토로하는 것, 그 모든 행동이 스스로에겐 약한 모습처럼 보이겠지만, 사실 약함을 인정할 때 가장 강한 모습이 비로소 드러난다. 그리고 그것이 바로 당신이 가진 힘이다.

그러니 때로 삶이 멈춘 듯하거나 아주 큰 벽에 가로막힌 것처럼 느껴질 때, 생각에 갇히는 것을 경계하며 한 발짝만 물러서 보자. 그리고 나 자신에게 말을 걸어 보자. 나에게는 내 삶을 잘 꾸려 갈 힘이 있다. 내가 나를 이해하고 믿어 주는 만큼, 사랑하는 만큼 강해진다. 아니, 강해지지 않고도 그럭저럭 살아갈 수 있다는 걸 알게 된다.

생각을 오래 하는 사람들이 흔히 하는 착각

샤워를 마치고 보니 샴푸를 제대로 하지 않은 것을 깨달은 적이 있다. 생각에 정신이 팔려서 내가 뭘 하는지도 알아차리지 못한 탓이다. 결국 다시 머리를 감아야 했다. 샤워나 양치처럼 습관적인 행동을 할 때면 유독 생각이 쏟아진다. 뭔가에 집중할 때는 의식 아래로 밀려났던 생각들이 '이때다!' 하고 쏟아져 나오는 것이다. 이렇게 머릿속을 비워 두기란 정말 쉽지 않은 일이다.

머릿속에 생각을 만들어 내는 공장이 있다면, 우리 현대인들의 생각 공장은 쉴 새 없이 돌아갈 것이다. 미국 국립 과학재단 연구에 따르면 인간은 하루에 무려 6만 개의 생각을 한다. 그런데 문제는 그 생각 중 95퍼센트는 이전에 했던 생각의 반복이고, 80퍼센트는 부정적인 생각이라는 점이다. 그 생각들은 쓸모가 없을뿐더러 기분을 해치고, 현실 집중력을 방해해 삶의 효율마저 떨어뜨린다. 한마디로 말해 생각이 많은 건 결코 좋은 일이 아니다.

우리가 살아가는 환경이 생각을 많이 할 수밖에 없도록 자극하는 것은 분명하다. 자극적이고 빠르게 돌아가는 세상에서 마음은 자연히 불안해지는데, 그에 맞서 더 안전해지기 위해 생각 공장을 돌린다. 물론 환경을 오롯이 통제하기란 불가능에 가깝다. 외부적 요인을 바꾸기는 어려운 것이다. 하지만 나의 내면을 다루는 것은 가능하고, 그중에서도 생각 자체를 다루는 기술은 매우 중요하다.

지피지기면 백전백승이라고 하던가. 생각이라는 녀석에 대해 제대로 알면 다루기도 수월해진다. 물론 싸워 이겨야 할 적은 아니지만, 자칫하면 나를 깊은 위험에 빠뜨리므로 생각과 잘 지내기 위해 그 실체를 알아보도록 하자.

우리는 생각을 통제할 수 없다

우리는 보통 생각에 대한 통제력을 과대평가한다. '더

이상 그 일에 대해서는 생각하지 않겠어', '이제부터 좋은 생각만 할 거야' 같은 흔한 다짐이 바로 그 증거다. 생각의 주도권이 나에게 있어서, 의지로 생각을 끄집어내거나 억누를 수 있다고 여긴다. 하지만 틀렸다.

미국 심리학의 아버지라 불리는 윌리엄 제임스는 저서 《심리학의 원리》에서 생각은 주체가 없이 그냥 일어난다고 주장했다. 그 때문에 '내가 생각한다(I think)' 혹은 '네가 생각한다(You think)'라고 할 게 아니라, '생각이 일어난다(It thinks)'라고 해야 한다는 것이다. '비가 온다(It rains)'와 마찬가지다. 생각은 그 자체로 생명력이 있는 존재처럼 떠오르고 또 흘러간다. 지금 '이게 도대체 무슨 말이야?' 하는 생각이 들었다면 바로 그것이다. 당신의 의지와 상관없이 떠오른 의문이다.

그러면 생각은 어떻게 일어나는 걸까? 왜 하필 B도 C도 아닌 A라는 생각이 일어난 걸까? 어떤 조건이 갖춰지면 생각은 자연스럽게 떠오른다. 기온, 습도, 기압과 같은 조건에 따라서 날씨가 변화하는 것과 같다. A라는 생각이 일어날 수 있는 조건이 갖춰지면 A가 떠오르고, B라는 생각이 일어날 수 있는 조건이 갖춰지면 B가 떠오른다. 내가 경험하는 상황이나 장소, 물건, 사람, 날씨 등이 조건이 될 수 있고, 나의 기분 상태에 영향을 받을 수도 있다. 때로는 단순하고 때로는 복합적인 조건이 생각을 일으킨다.

그 조건들을 내가 다 파악할 수는 없다. 그럼에도 이해를 돕기 위해 예를 들어 보자. 미영은 혼자 시간을 보내려 카페에 간다. 가수 아이유의 '좋은 날'이 들려온다. 그때 미영의 마음에서 학창 시절 그 노래를 같이 듣던 친구가 떠오른다. 희영도 우연히 카페에 들어갔다가 같은 노래를 들었다. 그런데 희영은 아이유의 근황이 궁금해져 스마트폰을 집어든다. 미영과 희영의 내부 조건(각자가 가진 기억)과 외부 조건(카페에서 들려오는 노래)이 합쳐져 각자 다른 생각이 떠오른 것이다.

생각은 날씨처럼 그저 나타난다. 그럼에도 우리는 생각에 대한 통제력을 과대평가하는데, 그 결과 흔히 저지르는 오류가 생각하지 않으려고 애쓰는 것이다. 안타깝지만 그런 노력은 거의 실패로 돌아갔을 것이다. 예컨대 '더 이상 헤어진 애인을 떠올리지 않겠어'라는 결심은 소용이 없다. 애인과 닮은 사람, 애인과 갔던 장소, 애인이 줬던 선물을 보게 되면 내 의지와 상관없이 떠오를 것이다. 심지어 '더 이상 생각하지 않을 거야!'라고 굳게 결심할수록 더 쉽게 떠오른다. 특정 생각을 억제하려고 할 때 오히려 그 생각이 더 쉽게, 자주 떠오르기 때문이다. 이를 잘 보여 주는 실험이 바로 그 유명한 흰곰 실험이다.

하버드 대학의 심리학 교수 대니얼 웨그너가 진행한 실험으로, 연구진은 참가자들에게 5분 동안 흰곰을 떠올리지 말라고 지시하면서 만약 흰곰이 떠오르면 벨을 울리도록 했다. 또 다른 그룹에는 흰곰을 떠올려도 된다고 지시했다. 그 결과 흰곰을 떠올리지 말라고 지시를 받은 참가자 그룹이 오히려 흰곰을 더 많이 떠올렸다. 이처럼 생각은 명령을 고분고분 따르지 않는다.

감정도 생각도 조건이 갖춰지면 그에 대한 반응으로 일어난다. 그리고 그 생각이 또 하나의 조건으로 작용해 다음 생각이 일어난다. 만약 헤어진 애인에 대해 생각하고 있었다면 그와 관련하여 헤어졌을 때 들었던 상처가 된 말, 그와 가려고 계획했던 콘서트나 여행 따위가 연쇄적으로 떠오를 수 있다. 흔히 말하는 생각이 꼬리에 꼬리를 문다는 것은 이런 식으로 앞선 생각이 다음 생각을 끌어내고, 그 생각이 또 다음 생각을 끌어내면서 생기는 현상이다. 아이유의 노래를 듣고 학창 시절의 친구를 떠올렸다가, 그 생각이 꼬리에 꼬리를 물어 한 시간 뒤쯤엔 아마 첫 생각과 전혀 관련 없는 기후 변화의 심각성이나 주식 투자의 손실을 걱정하고 있을지도 모른다. 전혀 의도치 않았지만, 그런 생각으로 잠을 못 이루거나 내려야 할 버스 정거장을 지나치기도 하는 것이다.

정말 똑똑한 사람은
생각에 매달리지 않는다

생각을 통제할 수 없다면 어떻게 다뤄야 할까? 생각 공장을 멈추는 게 가능은 할까? 어쩌면 평생 산더미 같은 걱정과 상념에 둘러싸여 살아가게 되는 건 아닐까? 다행히도 이미 전문가들이 이 문제를 연구해 왔다.

생각을 없애거나 멈추기는 어렵지만, 그냥 흘러가게 내버려 두면 불필요한 걱정과 소모적인 후회에 끌려다니지 않을 수 있다. 그렇다면 어떻게 흘려보낼 수 있을까? 그 첫 번째 방법은 생각을 관찰하는 것이다. 머릿속에 드론을 띄웠다고 상상하고, 거리를 두고 떠오르는 생각을 지켜보자. 그저 어떤 생각이 등장했는지 알아차리기만 하면 된다.

나는 생각을 보통 '버스'에 비유한다. 버스의 운전대는 운전기사가 잡고 있으므로 버스에 올라타는 순간 내 의지와 상관없이 버스의 노선을 따라 갈 수밖에 없다. 즉 떠오른 생각을 덥석 물어 버리면 저절로 원치 않게 생각의 늪으로 빠지는 것이다. 그러나 정거장에서 버스가 오는 것을 알아차리면, 설령 그 버스가 멈춰 서더라도 올라타지 않을 수 있다. 즉 생각에 빠지지 말고 생각을 알아차리면 된다. 버스를 타는 사람이 아니라 버스를 보는 존재가 되어야 하는 것이 핵심이다.

주영은 오늘 회사에서 작은 실수를 해서 상사로부터 쓴 소리를 들었다. 안 그래도 요즘 직장에서 자신감이 없던 터라, 모닥불에 휘발유를 끼얹은 듯 걱정과 고민이 타올랐다. '난 너무 무능한 것 같아.' '이 길이 내 적성에 안 맞는 건 아닐까?' '회사 사람들이 뒤에서 나를 욕하고 있을지도 몰라.' '난 왜 이렇게 제대로 하는 게 없지?' 주영은 이런 생각들이 기분만 나쁘게 할 뿐, 전혀 도움이 되지 않는다는 것을 안다. 그저 다시 실수하지 않도록 좀 더 신경 써서 업무를 해야겠다는 결심이면 충분하다.

그렇지만 다시 생각나지 않을 리가 없다. 잠자리에 누운 순간 오늘의 실수가 다시 떠올랐다. 하지만 주영은 '오늘 회사에서 했던 실수'라는 버스가 머릿속에 나타난 것을 알아차렸다. 평소 같으면 그 버스에 냉큼 올라타서 버스가 이끄는 대로 자책하고, 퇴사와 이직을 고민하며 두어 시간을 보냈을 것이다. 스트레스에 못 이겨 늦은 밤에 맥주를 들이켜면서 구직 사이트를 들여다봤을지도 모른다. 하지만 주영은 그저 버스를 지켜봤다. '오늘 저지른 실수가 다시 떠올랐구나'라고 알아차리고 '오늘 일이 많이 신경 쓰이는구나' 하며 마음을 알아주며 더 불편한 생각으로 이어지지 않도록 할 수 있었다.

기분 좋은 감각에 집중하며 살아갈 것

생각을 다루는 기술 두 번째는 바로 감각에 집중하는 것이다. 우리의 주의는 생각과 감각에 동시에 머물 수 없다. 식사가 입으로 들어가는지 코로 들어가는지 모를 만큼 걱정에 빠졌던 적이 있는가? 오늘 해야 할 일을 생각하느라 출근길에 민들레가 폈는지, 진달래가 폈는지 모르고 지나친 적은? 생각에 빠져 있으면 주변의 아름다운 것들이 보이지 않고, 맛있는 음식을 음미할 수 없고, 좋은 향기를 알아차릴 수도 없다. 그 이유는 머릿속을 가득 채운 생각이 주의력을 모두 앗아 가기 때문이다. 반대로 두통이나 치통과 같은 통증이 심할 때는 도저히 다른 생각을 할 수가 없다. 대학 시절, 사랑니를 뽑고는 하루 종일 아파만 하다가 겨우 잠들었던 기억이 난다. 통증의 감각이 너무 강해서 고상하게 생각이나 하고 있을 수가 없었던 것이다.

감각에 의도적으로 주의를 기울일 수 있다면 더 이상 생각에 빠져 살지 않을 수 있다. 더욱이 나를 기분 좋게 하는 감각에 주의를 기울일 수 있다면 일석이조다. 아침에 눈을 뜨자마자 창문을 열어 아침 공기를 마시고, 출퇴근길에는 꽃과 나무, 구름 같은 것들에 주의를 기울여 보라. 식사할 때도 음식 하나하나의 맛을 세심하게 느껴 보자. 그런 것을 감각하는 동안 우리는 생각이라는 함정에 빠지지 않게 된다. 아무리 깊은 고민을 안고 있고, 미래를 걱정하고, 돌이킬 수 없는 실수를 했더라도 감각에 집중하는 순간 우리는 생각에서 빠져나와 언제라도 가벼워질 수 있다. 물론, 생각이 계속 일어나겠지만 괜찮다. 그것을 알아차리고 몇 번이라도 다시 감각에 집중하면 그만이다.

요즘 나는 샤워 시간을 꽤 즐길 줄 알게 되었다. 이전에는 쏟아지는 생각에 샴푸를 했는지 제대로 헹궜는지도 모르게 시간이 흘러갔다면, 지금은 따뜻한 물의 감촉과 세수할 때 얼굴에 닿는 느낌, 머리 감을 때 오는 두피의 자극에 집중하면서 자연스럽게 생각을 비워 낸다. 이전에는 생각을 골똘히 하는 사람이 똑똑한 줄만 알았다. 하지만 이제는 안다. 생각을 오래 할수록 지금 여기 내 삶에 대한 집중력은 떨어지고, 만족도 역시 현저히 낮아진다는 것을 말이다. 그저 생각을 지켜보고 알아차리고, 기분 좋은 감각에 집중하는 것. 이것이야말로 어른의 삶을 가볍게 만들어 주는 기술임이 분명하다.

감정에 솔직한 사람들이 진짜 강한 이유

오래전 동네 분식집에 혼자 밥을 먹으러 갔을 때였다. 옆 테이블에 엄마들 몇 명이 모여 있었고, 그중 한 엄마가 열 살 남짓의 남자아이를 데리고 있었다. 아이는 아마도 친구들과 놀다가 엄마의 부름에 억지로 끌려온 모양이었다. 얼굴에 심통이 나 있었다. 아이 엄마는 그게 못마땅했는지 점점 언성을 높이다가 쏘아붙였다.

"얼굴 펴! 웃어! 놀 만큼 놀았잖아."

식당 안에 있던 사람들이 다 들을 정도로 호통을 치니 아이는 당연히 기가 죽었다. 그럼에도 성이 안 찬 엄마는 더 무섭게 소리쳤다.

"얼굴 구기고 있지 마. 웃어!"

내가 혼난 것도 아닌데 나도 모르게 숨을 죽였다. 어쩌지 못하고 있는 아이에게 마음이 쓰였다. 나 또한 어릴 때 비슷한 이유로 엄마에게 혼나곤 했으니까. 기분이 상해 있거나 서러워서 울기라도 하면 "인상 펴라", "뭐 잘했다고 우냐" 같은 차가운 말을 들었다. 울음을 그치지 못하면 엄마의 언성이 더 높아져 어떻게든 참아 보려 애썼던 순간들. 지금이야 괜찮은 척, 아무렇지 않은 척 연기할 수 있지만, 어릴 땐 스스로를 달랠 줄 몰라 고스란히 얼굴에 마음이 다 드러났을 것이다. 진정하려 할수록 서러운 마음은 걷잡을 수 없이 커졌지만, 엄마를 더 화나게 하고 싶지는 않았기에 이를 악물고 울음을 그치려 애썼다.

어린 날에 감정을 수용받지 못한 경험은 누구에게나 있다. 요즘은 미디어나 책에서 마음과 감정에 관한 이야기를 어렵지 않게 들을 수 있지만, 20년 전만 해도 그런 지식은 귀했다. 사람들은 자신의 감정을 다루는 법도, 상대방의 감정을 이해하는 법도 모르고 살았고, 그렇기에 서툴 수밖에 없었다. 특히 한국은 자신의 감정을 건강하게 표현하기보다는 집단이 요구하는 모습을 보여 주는 것을 중요하게 생각한다. 그러니 어른들도 아이의 감정 그대로를 인정해 주기보다는 통제하려고 애썼을 것이다. 사실 그 이전에, 어른들 스스로도 자신의 감정을 어찌하지 못해 아이에게 무작정 호통치는 일도 많았을 테다.

이 같은 환경에서 자란 사람들이 감정에 대해 갖는 대표적인 오해가 있다. 감정에 옳고 그름이 있다는 생각이다. 어린아이는 통제할 수 없는 감정이 올라올 때, 그리고 그 감정이 부모님이나 선생님 등 어른을 더 화나게 했을 때 생각한다. '내 화는 잘못되었어', '내 슬픔은 느껴선 안 되는 것이야', '이 불편한 기분은 뭔가 잘못된 거야', 즉 내 감정이 옳지 못하다고 생각하는 것이다. 그리고 이런 생각은 감정을 넘어 나라는 존재를 문제시하는 것으로 이어진다. '왜 나는 이 상황에서 짜증이 날까', '왜 나는 이 상황에 기뻐하지 못할까' 하며, 상황에 안 맞는, 부적절하다고 여기는 감정이 올라올 때마다 나라는 사람 자체를 문제라고 치부해 버린다.

그러면서 점점 진짜 감정을 숨기기에 급급해지거나, 아예 감정을 무시해 버리는 습관이 생겨난다. 하지만 정신분석가 힐러리 제이콥스 헨델이 말한 것처럼 감정은 물리학적 원리에 따라 움직이는 생물학적 힘이다. 물리학적 에너지가 가로막는다고 소멸하지 않듯 감정을 무시하면 그에 따른 반작용, 즉 대가가 따른다.

감정은 언제나
전적으로 내 편이다

우리는 보통 내 감정이 뜻대로 움직이길 바란다. 덜 화가 나기를, 불안이 줄기를, 더 의연하고 더 기쁘기를 기대한다. 하지만 감정은 내가 통제할 수 있는 것이 아니다. 다행인 것은 감정은 전적으로 내 편이어서, 자연스럽게 작동하도록 두어야 내게 이롭게 작용한다. 의도적으로 통제하거나 억압하면 오히려 오작동한다.

감정은 나에게 무엇이 위험한지, 내가 무엇을 원하는지, 지금 내게 무엇이 필요한지 알려 준다. 감정은 우리가 잘 살 수 있도록 도와주는 내적 프로그램이다. 생각해 보라. 부당함을 겪고 있는데 분노를 느끼지 못한다면, 위험한 상황에서 불안감을 느끼지 못한다면, 소중한 사람을 잃었을 때 슬픔을 느낄 수 없다면 우리는 적절하게 대처하지 못할 것이다. 부당한 환경을 바꾸겠다고 생각하지 못할 것이고, 위험한 상황을 피하지 못할 것이며, 건강하게 애도하지 못할 것이다. 그러므로 이 프로그램을 믿고, 이를 토대로 살아가는 것이 중요하다. 내가 내 안에서 느껴지는 것들을 존중하면, 이 프로그램은 죽는 날까지 나를 위해 멈추지 않고 성실하게 작동한다.

그럼에도 많은 사람이 이 프로그램을 무시하고, 대부분 지적 능력과 생각을 우위에 두고 살아간다. 감정을 통제하고자 하는 것도 이 생각이라는 존재가 활동한 결과이다. 하지만 누구에게나 슬픔, 기쁨, 분노, 두려움, 혐오감, 놀람이라는 여섯 가지 핵심 감정이 있다. 그리고 이 핵심 감정을 포함한 자신의 자연스러운 감정을 경험하며 살아가야 한다. 만약 감정을 회피하거나 억압하면 진정한 나와 멀어지게 된다.

진정한 자기와 멀어질 때 나타나는 대표적인 증상은 외롭고 공허하다는 것이다. 자신의 진짜 감정과 잘 연결되지 못하는 사람은 뭔가 붕 떠 있는 듯한 느낌을 준다. 일부러 거짓된 모습을 보이려고 하지 않는데도, 진짜 그 사람이 잘 느껴지지 않고 진솔함이나 편안함도 발견하기 어렵다. 아마도 그는 자신의 진짜 감정을 느끼는 일이 너무 불편하고 두려워서 회피하는 것이겠지만, 그렇게 계속 진짜 자기와 거리를 둔 채로 살아가면 피상적인 인간관계를 피하기 어렵다. 다른 이들과 정서적으로 공감하고 또 공명하며 연결감을 느끼는 충만한 경험이 부족해지고, 그럴수록 더더욱 외롭고 공허해질 수밖에 없다.

'감정 조절 잘하는 사람'이라는
허구의 이미지를 버릴 것

그러나 우리는 이 감정이라는 녀석 때문에 곤혹스러울 때가 참 많다. 너무 불안해서 숨쉬기조차 힘들 때, 화가 나서 자리를 박차고 싶을 때, 면전에 대고 심한 말을 쏘아붙이고 싶을 때 등. 성숙하고 세련되게 살아가고 싶은데, 감정을 따랐다가는 직장 생활도 인간관계도 엉망이 되어 버릴 것만 같다. 나 역시도 마음을 진정시키기 어렵다는 내용의 상담 요청을 자주 받는다. '욱하는 거 어떻게 해야 하나요?' '뭘 해도 짜증이 나는데 어떻게 해요?' '자꾸 울컥해서 말을 다 못해요.' '의연해지고 싶은데 잘 안 돼요….'

그런데 이런 질문을 해 오는 사람들이 공통으로 갖고 있고, 선망하는 이미지가 있다. 바로 '감정 조절 잘하는 사람'이다. 웬만해선 기분에 휘둘리지 않고 어떤 상황에서도 태도가 일정한 어른스러운 사람. 하지만 그런 명확한 이미지가 있고, 그런 사람처럼 보여야 한다고 믿는다면 이미 첫 단추를 잘못 끼운 것이다. 머릿속 이상적인 인물이 옳은 모습이고, 지금의 나는 잘못된 모습이라고 여기면, 감정을 다루는 연습은 '감정 무시하기, 회피하기, 억압하기'에 지나지 않기 때문이다.

우선 '감정 조절 잘하는 사람'이라는 상상 속 인물을 버려야 한다. 오롯이 내 감정을 경험하겠다는 자세로 임하라. 처음에는 이것이 뭘 의미하는지 잘 이해가 되지 않을 것이다. 그렇다면 내가 습관적으로 하는 행동을 잘 지켜볼 필요가 있다. 우리는 우리가 틀렸거나 부정적이라고 여기는 감정이 느껴지면, 이 불편한 감정을 피하기 위해 습관적으로 어떤 행동을 한다.

예를 들어 이런 것이다. 공허감이 올라올 때마다 그걸 경험하지 않으려고 단것을 먹는다. '나는 쓸모없어'라는 무능감이 느껴질 때마다 목표를 만들고 과도하게 일을 밀어붙인다. 외로움이라는 느낌이 불편해서 사람들을 끊임없이 만나고 혼자 있는 틈을 아예 주지 않는다. 불안감이 올라올 때마다 집착적으로 계획을 세우고, 허탈감이나 우울감을 외면하기 위해 습관적으로 술을 마신다. 스마트폰을 계속 붙들고 있는 것 또한 불편한 감정을 느끼지 않으려는 대표적 습관 중 하나라고 할 수 있다.

우리는 좋지 않은 느낌을 피하기 위해 습관적으로 어떤 행동을 한다. 불편한 느낌이 들 때마다 늘 그 행동으로 도망쳐 왔기에 그 불편한 느낌을 제대로 마주한 적도 없다. 그래서 무어라 불러야 할지 감조차 잡히지 않는다. 형언하기 어려운, 그러나 분명히 존재하는 그 감정을 경험하기 위해 습관적인 행동을 멈추는 것부터 시작해 보길 권한다. 처음엔 무척 어렵게 느껴질 것이다. 그렇다고 다시는 그 행동을 하지 말라는 뜻은 아니다. '아, 내가 또 술을 마시려고 하네?', '아, 내가 또 습관적으로 사람들을 만나려고 하는구나' 하고 알아차리기만 해도 성공이다. 알아차리면 선택의 여지가 생긴다. 늘 하던 대로 술을 마실지, 내 안에서 올라오는 감정을 관찰할지 선택할 수 있다. 그런 경험이 쌓이면 불편한 감정을 감당하는 힘이 길러진다. (때때로 그 불편한 감정이라는 것이 너무 크고 격한 경우가 있다. 그럴 때는 전문가의 도움을 받는 것도 좋은 방법이다.)

이렇게 불편한 감정을 피하지 않고 충분히 경험할 수 있다면, 나를 곤란하게 만들었던 크고 거친 감정이 잘 지나가게 할 수 있다. 모든 감정은 충분히 경험해서 흘러가게 하면 그것으로 충분하기 때문이다. 하지만 경험하지 않고 지나가게 하는 방법은 없다. 그리고 내가 늘 피하려고 했던 그 감정을 나의 것으로 통합하는 것은 곧 '진정한 자기'에 다가가는 큰 발걸음이기도 하다.

감정을 잘 조절하는 사람이란 좋고 옳은 감정은 취하고, 나쁘고 틀린 감정은 버리는 그런 사람이 아니다. 내 안의 모든 감정을 차별하지 않고 오롯이 느껴서 감정을 막힘 없이 흘려보내는 사람이다. 그런 경우에야 감정은 비로소 나를 위한 힘으로 작용한다. 정말 강한 사람은 감정을 판단하는 사람이 아니라, 감정에 솔직한 사람이다. 그런 의미에서 앞서 식당에서 만난 아이 엄마가 아이에게 그랬듯, 내가 내 감정을 다그치며 좋은 감정만 받아 주지는 않았는지 생각해 볼 일이다. 오롯이 내 편인 나의 감정이 앞으로 남은 긴 인생을 평온하게 살아가도록 도와줄 거라 믿으며, 습관적인 행동으로 도망치지 말고 마음의 운전대를 꼭 사수하기를 바란다.

05

모두의 기대를
채우려는 것은
미친 짓일 뿐이다

그녀의 마음엔 깊은 구멍이 있었다. 평소에는 성숙하게 행동하려고 하지만, 일상에서 그 구멍이 슬쩍슬쩍 건드려지면 컨트롤되지 않는 자신을 발견했다. 심하게 소리치고, 비난하고, 울면서 하소연했다. 처음에는 게임 중독에 가까운 아들과의 갈등이 심해 나를 찾아왔지만, 상담을 진행할수록 그 구멍의 존재가 선명해졌다.

그녀는 자주 "나 무시하는 거냐"라고 말했다. 날카로워져 있는 태도와 거친 말투는 아들과의 관계를 회복하기 어렵게 했다. 조심스레 어린 시절에 관해 물었다. 부모님이 아픈 동생을 돌보느라 바빴고, 자기는 관심을 거의 받지 못했다고 말했다. 그러면서 가슴을 내리치며 울었다. 줄곧 참아야 했던 아이가 우는 것처럼 보였다. 어려서 채워지지 못한 그 공백은 어른이 되어 더 크고 깊어졌다. 그리고 그것이 건드려질 때마다 무시당하는 느낌과 분노가 터져 나와 소중한 아들과의 관계마저 망가뜨리고 있었다.

인정 욕구는 심리적 허기를 만들어 내는 대표적인 요인이다. 어린 시절 충분히 채워지지 못한 마음속 공백은 성인이 되어서도 다양한 역기능적 행동으로 모습을 드러낸다. 타인에게 분노를 폭발하기도 하고, 자신을 향한 비난을 멈추지 못한 채 더욱 가혹하게 스스로를 몰아붙이기도 한다. 타인을 과도하게 돕는 행동이나 큰 성취를 위해 자신을 소진시키는 태도 역시 인정받고자 하는 마음의 다른 얼굴인 경우가 많다. 그러나 이러한 노력들이 기대한 인정으로 되돌아오지 않을 때, 그 좌절감은 쉽게 감당하기 힘들 정도로 커진다.

인정받고 싶은 마음은
모두에게 있다

요즘 20~30대 청년층이 다른 세대에 비해 더 많은 인정을 원한다는 기사를 접한 적이 있다. 기업에서도 사회 초년생들의 성과를 높이기 위해 칭찬을 아끼지 말아야 한다는 의견이 잇따른다. 직장 내에서 인정받고 있다고 느끼는 직원일수록 그렇지 못한 직원보다 성과가 좋고, 번아웃을 겪거나 이직을 고민할 확률도 낮기 때문이다.

이런 흐름을 두고 요즘 청년 세대가 유난히 인정 욕구가 크다고 오해하기 쉽다. 그러나 인정받고자 하는 마음은 특정 세대의 특징이라기보다 인간 보편의 욕구에 가깝다. 나이와 상관없이 누구나 자신의 노력을 알아주지 않으면 서운함을 느끼기 마련이다. 다만 개인주의가 강화되면서 집단의 일원으로서가 아니라, 한 개인으로서 "나는 가치 있는 사람이다"라는 인정을 더 중요하게 여기게 되었을 뿐이다.

불확실한 미래와 경쟁적인 환경 속에서 내가 유의미하고 쓸모 있는 존재임을 확인받고 싶은 마음은 너무도 자연스럽다. 내가 지금 잘하고 있는지 확신이 서지 않을 때, 누군가 "잘하고 있어"라고 한마디를 건네면 그 말에 크게 안도가 된다.

인간이라면 누구나 가진 인정의 그릇. 이 그릇을 잘 활용해서 살아가는 것도 꽤 괜찮은 삶의 기술이다. 누군가가 내 정성과 노력을 알아주었을 때, 기쁨은 배가되고 힘든 일은 한결 견딜 만해진다. 뼛속까지 사회적 동물인 우리에 겐 타인의 관심과 긍정적 피드백이 하루를 살게 하는 마음의 식사와도 같다. 심리학자 윌리엄 제임스가 말했듯, 인간 본성에서 가장 뿌리 깊은 법칙은 인정받고자 하는 갈망이기 때문이다.

인정 욕구가 너무 크면
타인의 기대에 휘둘린다

다만 인정 욕구가 모든 일상을 지배할 만큼 커지면 문제가 된다. 보통 한 그릇이면 충분한 인정을 끼니마다 몇 그릇씩 채우려고 하면 어떻게 될까.

그리스 신화에 그런 인물이 등장한다. 태양의 신 헬리오스의 아들로 태어났지만, 아버지 없이 홀어머니와 자라야 했던 파에톤이다. 그는 친구들에게 출생을 의심받으며 아버지의 부재로 인한 깊은 결핍과 인정 욕구를 키운다. 결국 자신이 태양신의 아들임을 증명하려다 격렬한 분노와 오기에 휩싸이고 만다. 파에톤은 존재를 인정받고 싶은 마음에 아버지만이 몰 수 있는 태양 마차를 몰다 세상을 혼란에 빠뜨리고, 제우스 신의 벼락을 맞고 추락해 죽는다.

이 이야기는 인정을 얻기 위해 자신을 과대 포장하고, 한계치까지 자신을 밀어넣는 현대인을 떠올리게 한다. 그래서 심리학에서는 인정 욕구가 지나치게 강해 무리한 행동을 반복하는 상태를 '파에톤 콤플렉스'라 부른다.

파에톤 콤플렉스에 빠지면 자기 자신을 망치면서까지 타인의 인정을 바라게 된다. 누군가 가볍게 "기대할게"라는 말을 던지면 부담을 크게 느끼고 실망시켜선 안 된다는 생각에 지나치게 자기 자신을 몰아붙인다. 그러나 오랜 시간 이 주제를 연구해 온 일본의 조직경영학자 오타 하지메에 따르면, 우리는 보통 타인이 실제로 기대하는 것보다 그 기대를 더 크고 무겁게 느낀다. 타인은 우리에게 생각보다 큰 기대를 걸지 않는다. 그리고 그건 노력으로 전부 충족할 수도 없으며, 그래야 하는 것도 아니다.

위 사례처럼 어린 시절의 결핍이 과도한 인정 욕구로 이어지는 경우도 있고, 자기 기준이 워낙 높아 강한 인정 욕구를 가지는 경우도 있다. 이유가 무엇이건, 인정 욕구가 너무 커서 나 자신을 해치는 지경에 이르지 않기 위해 세 가지 방법을 제안하고 싶다.

1. 내 인정 그릇은 얼마만 한가?

앞서 말했듯 인정 욕구는 모두에게 존재한다. 하지만 자신을 움직이는 인정 욕구의 크기를 아느냐 모르느냐는 하늘과 땅 차이다. 스스로 파악하지 못할 때, 인정 욕구는 자연스러운 욕구가 아니라 괴물이 된다. 그 괴물은 나를 무섭게 몰아세우고 끝내 집어삼킨다.

나 또한 타인의 관심과 인정에 약한 인간이라는 것을 받아들이자. 그리고 자신의 인정 그릇의 크기와 깊이를 가늠해 보자. 그 크기를 가늠하기 가장 좋은 때는 인정받지 못했을 때이다. 그때 마음이 크게 동요할수록 그 깊이는 깊을 것이다. 스스로 무가치하다고 느껴질 정도라면 인정 그릇에 큰 구멍이 있어 좀처럼 채워질 수 없는 상태일 가능성이 크다. 또 상대방에 대한 원망과 분노가 인다면 인정 그릇이 절대 작지 않음을 알아차릴 수 있을 것이다.

내 인정 그릇의 크기를 이해하면 내가 어떤 타인의 인정에 휘둘리고 있는지가 보인다. 이를 알고 나면 끌려다니지 않는다. 어떤 인정은 오히려 내게 무익하다. 그 깨달음은 무익한 인정과 칭찬에 기대지 않고 나 스스로를 돌보게 하는 보약이 될 것이다.

2. 내가 먼저 인정과 칭찬을 줄 것

이제 인정 그릇의 크기를 확인했다면, 그것을 어떻게 채워야 할지 알아보자. 우선 스스로 채우려는 노력을 끊임없이 해야 한다. 나 스스로 돌보면서 인정과 칭찬을 마음껏 해 주는 것이다. 그러나 거기에는 분명한 한계가 있다. 우리는 어쩔 수 없는 사회적 동물이다. 우리에겐 타인의 따뜻한 시선과 수용이 꼭 필요하다.

하지만 타인의 기대를 만족시킴으로써 인정 그릇을 채우는 방법에는 나를 희생해야 하는 부작용이 뒤따르지 않았던가. 그렇기에 우리에겐 다른 방법이 필요하다. 바로 내가 먼저 타인을 인정해 주는 것이다.

당신이 인정에 매달리는 만큼 타인도 인정을 자양분 삼아 살아가는 존재임을 생각해 보자. 주변 사람들의 크고 작은 배려와 노력을 알아차리고, 인정과 감사를 먼저 표현해 보는 것이다. 그렇게 하기 위해서는 타인을 관찰할 수밖에 없는데, 여기서 두 가지 효과가 생긴다.

우선, 과도한 자기 몰두에서 벗어날 수 있다. 사람은 보통 자기 자신에 몰두해 있으므로 자기가 한 수고를 과대평가한다. 따라서 타인이 내가 한 수고에 상응하는 반응을 보이지 않으면 분노가 인다. '너를 위해 이렇게까지 했는데…', '왜 나를 몰라주지?'라는 마음이 밀려오는 것이다. 하지만 타인을 인정해 보겠다고 마음먹고 그를 관찰하면, 자연스럽게 시선은 나를 벗어나 주변을 향하게 된다. 그러면 자신을 좀 더 객관적으로 볼 수 있게 된다.

두 번째 효과는 내가 먼저 타인을 이해하고 알아주면, 자연스럽게 나 자신도 긍정적인 피드백을 받을 가능성이 높아진다는 것이다. 단순히 기대를 충족해 주는 것이 아니라, 그 존재 자체를 관심 있게 지켜보고 알아주면, 둘 사이에는 단단한 신뢰가 형성된다. 공감과 지지, 관심 어린 조언을 나누는 관계가 되는 것이다. 그 신뢰 관계에서는 더 진실한 피드백을 주고받을 수 있다.

그리고 신뢰 관계에서 받는 피드백은 여타의 인정과 칭찬과는 질적으로 다르다. 엄마 뱃속에서 태어난 우리 인간은 엄마와 한 몸이던 시절에 느끼던 편안함, 즉 연결감을 갈망한다. 사랑하게 되면 하나가 되기를 갈망하고, 소중한 친구나 동료와는 같은 것을 느끼고 공유하기를 원하는 것도 이 때문이다. 그런데 이 기분 좋은 심리적 융합감은 누군가로부터 공감받고 이해받는 느낌을 통해 재현된다. 즉 타인이 내가 느끼는 것을 알고 온전히 공명할 때, 반대로 내가 누군가를 진심으로 이해하고 공감할 때, 그 연결감을 다시 느끼는 것이다.

이런 관계에서는 내 인정 그릇을 채우려 하지 않아도 저절로 채워진다. 아니, 인정을 넘어서는 충만감을 느낀다. 그러므로 인정받기 위해 애쓰지 말고, 타인의 경험과 생각, 느낌을 온전히 이해하려고 귀 기울이고 마음을 열어 보자. 그건 내가 인정받는 기분보다 더 따뜻하고 충만한 경험이 된다. 그러면 우리의 인정 그릇도 더 든든한 양질의 영양소로 가득 채워지지 않을까.

3. 절대로 나를 소모하지 않는다

세 번째 방법은 훨씬 더 간단하다. 타인을 위해서 노력할 때, 그것이 좋아서 하는 일인지 곰곰이 생각해 보라. 그리고 좋아하는 일을 좋아하는 만큼 하기로 선택하자. 가족을 위해서 진수성찬을 차려 내는 일이 단지 내가 기뻐서 하는 것인지, 남편과 자녀의 인정을 받고 싶어서 무리하는 것인지, 스스로 알아차릴 수 있어야 한다. 또 친구가 오랜 시간 하소연을 해 올 때 내가 기꺼이 들으려는 건지, 거절을 못 해 억지로 듣는 건지 알고 선택할 수 있어야 한다.

단지 인정받기 위해 원하지도 않는 일을 하면, 원하는 피드백을 받지 못했을 때 실망과 분노가 클 수밖에 없다. 하지만 자신이 좋아하는 일을 좋아하는 만큼만 하면, 인정이 돌아오지 않았을 때 실망스러울 순 있지만 분노감이 일지는 않는다. '내가 너희를 위해서 몸이 아픈데도 몇 시간이고 요리를 했는데, 감히 고맙다는 말 한마디를 안 해!'가 아니라, 다소 아쉽더라도 '맛있게 먹었으면 됐어'가 되어야 한다.

타인의 기대를 만족시키는 일에는 끝이 없다. 더군다나 한 사람도 아니라 만나는 사람마다 그 기대를 만족시키겠다는 것은 자기 파괴적인 일이나 다름없다. 너무 큰 인정 욕구는 당신 자신을 해친다. 그러니 부디 그 욕구 앞에서 자신을 돌보고 적절히 멈출 수도 있는 지혜를 가지기를.

인정 욕구를 타인을 통해 채우겠다는 생각에서 벗어나 내게 타인을 채워 줄 힘과 능력이 있다는 점을 깨닫는 순간, 정말 많은 것이 변한다. 나를 소진하지 않으면서 나와 상대의 인정 그릇을 모두 충만하게 채울 수 있다. 당신이 부디 타인의 기대에 희생되지 않기를, 그리고 타인과 함께 인정 넘치는 삶을 살아갈 수 있기를 바란다.

06

부당한 상처로부터
나를 보호하는 것이 먼저다

이제 곧 서른이 되는 지은 씨의 손에는 화상 흉터가 있다. 초등학교 때 부모님이 집을 비운 사이 남동생이 먹고 싶다는 달고나를 해 주려다가 그만 상처를 입은 것이다. 그런데 그녀에게는 그 상처보다 엄마에게 혼난 사실이 훨씬 더 쓰라린 기억으로 남았다. 엄마는 왜 시키지도 않은 짓을 하냐며 나무랐다. 동생을 챙겨 주려던 마음은 외면당했고, 그저 사고나 치는 한심한 딸이 되었다. 서러웠던 일이 단지 그날뿐이었을까. 나름대로 잘해 보려던 행동이 엄마의 꾸중이나 비난으로 돌아왔던 일들이 종종 있었다. 지은 씨가 받기를 바랐던 따뜻함과 관대함은 언제나 자신보다는 동생에게로 향했다.

성인이 된 지금도 지은 씨는 동생을 잘 챙기는 편이다. 아직 취직하지 못한 동생을 위해 매달 용돈을 주는 것도 그녀였다. 누구도 강요하지 않았지만, 그러면 엄마가 좋아할 것을 알기에 그래야 할 것 같았다. 자신이 기억하는 한 부모의 사랑과 관심은 늘 동생 몫이었고, 지은 씨는 그런 동생을 살뜰히 돌보는 것으로 자신의 몫을 챙기려고 했다.

그런 자신을 알아차린 것은 비교적 최근이었다. 이전에는 그저 자신이 원해서 그러는 줄로 알았다. 동생을 아끼고 이뻐하는 누나일 뿐이라고 생각했다. 그러나 최근 이직을 고민하면서 여러 생각이 쏟아졌는데, 예상치 못하게 불편한 감정이 올라와 당황스러웠다. 이직을 탐탁지 않아 할 부모님에 대한 걱정, 그럼에도 진정으로 하고 싶은 일에 대한 갈망, 동생에 대한 질투와 분노, 이러지도 저러지도 못하는 자신에 대한 한심함, 미래에 대한 막막함 등이 한데 뒤엉켜 자신을 집어삼킬 것만 같았다. 상담을 하며 그런 속마음을 꺼내어 놓다가 "아무리 노력해도 계속 부족한 사람으로 남을 것 같다"라고 말할 땐 목소리가 떨렸다. 열등감과 두려움이 가족 안에서 형성되어 왔음을 어렵지 않게 이해할 수 있었다.

"저는 항상 애썼어요. 공부도 열심히 하고, 시키지 않은 집안일도 열심히 하고요. 제가 하고 싶은 건 그림이었는데, 부모님이 싫어하시는 걸 알고 바로 마음을 접었어요. 아, 엄마는 내가 공부를 잘해서 좋은 대학 가기를 바라는구나. 이름 있는 회사에 취직하기를 바라는구나. 그리고 정말 저는 그렇게 했어요. 그런데도 엄마 아빠로부터 내가 충분히 잘하고 있다는 느낌을 받은 적은 없어요. 그에 반해 남동생은 공부를 딱히 잘하는 것도, 방 청소 한 번을 제대로 한 적도 없는데 뭔가 풍족하게 사랑을 받는 느낌이에요."

지은 씨가 애를 써서라도 받고 싶었던 것은 부모, 그중에서도 특히 엄마의 사랑이었다. 언제나 자신이 원하는 양보다는 적게 주어졌고, 특히 남동생에 비해서는 더더욱 부족하다고 느꼈다. 그녀의 표현에 의하면, 자신은 늘 부족한 상태에서 그 결핍을 계속해서 채우려고 노력했다. 한 번도 충분함을 느껴 본 적 없는 아이의 소리 없는 아우성 같았다.

상처도 삶의 동력이 될 수 있을까

물론 그 결핍감이 지은 씨를 모범생으로 살게 하고, 언제나 좋은 성과를 얻기 위해 최선을 다하게 하면서 많은 것을 이뤄 내는 동력이 되었을지도 모른다. 우수한 학업 성적과 명문 대학 입학, 대기업 취직까지 이 모든 것들을 단번에 해내는 것은 결코 쉬운 일이 아니다. 심리학자 알프레드 아들러의 말대로 결핍은 우리를 성장시키는 힘이 분명하다. 아들러는 자신에게 부족한 부분이나 약점을 상쇄하려는 의지가 인간의 기본적인 충동이라고 말했다. 즉 열등감을 극복하려는 의지가 인간의 기본적인 에너지로 작용한다는 것이다.

가난을 딛고 자신의 운명을 개척했다는 데일 카네기, 학대와 인종 차별 등 다양한 형태의 결핍을 극복하고 소통의 여왕이 된 오프라 윈프리, 키가 작아 신체적 열등감을 가졌던 나폴레옹 등 콤플렉스를 이겨 내며 더 큰 일을 해낸 사람들의 얘기는 수도 없이 많다. 나만 보아도 늘 부족한 점을 의식하며 더욱 잘하려고 노력해 왔기에, 아들러의 주장은 상당히 설득력 있게 느껴진다.

그러나 결핍이 만들어 내는 성장에는 분명한 한계가 있다. 열등감이 동력이 되어 눈에 띄는 성과를 낼 수는 있지만, 그것만으로 내면의 공허와 허무까지 채울 수는 없다. 성취와 별개로, 한 인간이 온전한 자기 자신으로 성장하는 문제는 전혀 다른 차원의 이야기이기 때문이다.

지은 씨는 '나는 부족하다'는 감각을 견디기 위해 늘 최선을 다해 왔고, 타인이 인정할 만한 결과도 만들어 냈다. 그럼에도 불구하고 그녀가 여전히 혼란스러운 이유는 무엇일까. 이제 그녀는 결핍을 인정으로 덮는 방식이 아니라, 다른 방식으로 나아가야 하는 지점에 도달해 있는 것은 아닐까.

이제는 '피해자 정체성'에서 벗어나야 할 때

그녀는 자신의 과거 패턴을 찬찬히 돌아보다가, 의식적이든 무의식적이든 오랫동안 엄마의 사랑과 관심을 얻기 위해 애써 왔음을 인정했다. 그리고 그것이 온전히 채워진 적이 단 한 번도 없었다는 사실과, 이제는 그 무의미한 애씀을 멈추고 진짜 자신을 찾고 싶다는 욕구가 강하게 올라오고 있음을 분명히 알아차리게 되었다.

그때 내 안에 떠오른 단어는 '내면의 부모와의 결별'이었다. 이 말은 성인이 되어 자신의 삶을 살아가기 위해 부모와 적절한 거리를 둔다는 뜻이기도 하지만, 동시에 어린 시절 원가족으로부터 비롯된 상처와 트라우마, 즉 여전히 자신을 얽매고 때때로 감정을 쥐고 흔드는 그 '드라마'로부터 빠져나온다는 의미이기도 하다.

여기서 말하는 드라마란, 주로 자신을 '피해자'이자 '상처 입은 사람'으로 규정하는 이야기다. 성장 과정에서 겪을 수밖에 없었던 경험들로 인해, 얼마나 많은 이들이 이런 피해자 정체성을 안고 살아가는가. 이 정체성은 내 안에 치유되어야 할 무언가가 있음을 알려 주는 신호이기도 하지만, 동시에 삶을 제한하는 감옥이 되기도 한다. 아무리 나아가고 싶어도 매번 걸려 넘어지게 만드는 돌부리처럼 삶 곳곳에서 발목을 잡기 때문이다.

물리적으로는 이미 부모로부터 독립했음에도 지은 씨가 자기 삶에 쉽게 만족하지 못했던 이유는, 바로 이처럼 부모와의 관계에서 정리되지 않은 드라마가 남아 있었기 때문이다. 온전히 자신을 위한 삶을 살고 싶어 하면서도, 한편으로는 여전히 과거의 부모에게 인정받기 위한 선택을 반복해 왔다. 다행히도 이제 그녀 안에는 부모로부터 심리적으로 독립하고 싶다는 강력한 욕구가 떠올랐고, 그것을 또렷하게 인식하기 시작했다.

소아청소년 정신건강의학과 전문의 오은영 박사는 자녀를 키우는 지향점이 독립이 되어야 한다고 말한다. 이는 어른이 된 우리가 스스로를 돌볼 때도 마찬가지다. 누군가에게 의존하지 않도록, 누군가에 의해 감정적으로 끌려다니지 않도록, 진정한 자기 자신으로서 살아갈 수 있도록 도와야 하는 것이다.

성인이 되면 경제적으로 독립하고, 따로 집을 마련해 사는 등 부모와 자연스럽게 물리적으로 분리가 된다. 하지만 그것이 진짜 자립이라고 볼 수 있을까. 아무리 멀리 떨어져 있어도 감정적으로는 지나치게 얽혀서 부모와 나 사이의 심리적 경계가 흐릿할 수 있다. 또 심리적으로 분리된 듯 보이지만 부모의 가치관을 그대로, 무비판적으로 받아들여 자신의 삶을 주체적으로 이끌어 나가지 못하는 경우도 많다.

지은 씨를 포함해 우리 주변에 심리적으로 독립하지 못한 사람들이 얼마나 많은가. 평생 부모를 미워하고 원망하는 사람, 오십이 되어서도 아버지에게 인정받으려고 무리하는 남성, 결혼해서도 어머니의 뜻을 거절하지 못해 갈등을 빚는 부부 등 그들은 모두 어른이 되었지만 여전히 삶의 중심에 부모가 있다.

그러나 심리적인 자립은 자연스럽고 건강한 욕구이며, 그것이 해결되지 않은 상태에서는 어떤 식으로든 불편감을 느낄 수밖에 없다. 그러므로 어른이 되면 내가 나의 보호자가 되어 주어야 한다. 온전히 내 가치관과 힘으로 나 자신을 지키고, 원하는 세계를 만들어 나가야 하는 것이다. 꼭 부모라는 대상이 아니더라도 현재의 나를 속박하는 과거의 경험이나 존재가 있다면, 자신을 위해 새로운 길을 모색해 보기를 권한다. 내면의 부모와 결별하고 피해자 정체성에서 자유로워져서, 돌부리 같던 과거를 넘어 훨씬 더 큰 세상으로 나아가기를 바라는 마음이다.

만약 내가 나의 엄마라면 뭐라고 할까

내면의 성장을 다룬 헤르만 헤세의 소설 《데미안》에는 "새는 알에서 나오려고 투쟁한다. 알은 세계이다. 태어나려는 자는 하나의 세계를 깨뜨려야 한다"는 유명한 문장이 나온다. 이 문장이 여전히 강력한 울림을 주는 까닭은 아마 많은 이들이 건너왔고, 또 많은 이들이 건너게 될 길이기 때문이 아닐까. 인간이 진정한 자신으로 태어나기 위해 깨뜨려야 하는 내면의 세계, 고통스럽지만 익숙했던 현재를 떠나야만 시작될 수 있는 이야기, 그것은 곧 도약이자 성장이며 진정한 자립이다.

그 힘겨운 시기를 건너가면서 우리는 비로소 어른이 된다. 스스로 상처를 따뜻하게 보듬고, 나 자신에게 지지와 응원을 보내고, 어떤 때는 주체적인 선택을 내릴 수 있는 단호함을 키워 간다. 이로써 나에게 훨씬 더 어울리는 세계를 찾아가는 것은 두렵지만 기꺼이 시도해 볼 만한 여정이지 않을까.

마지막으로 지은 씨와 나눴던 대화 가운데 내 마음을 울렸던 일부를 옮겨 본다.

"정말 많이 애쓰셨네요. 학교에서도 집에서도 늘 어긋나지 않기 위해 행동하고, 공부도 열심히 하고, 이름 있는 대학과 누구나 알 만한 회사에 들어갔어요. 부모님 속 썩이지 않고 동생한테 용돈까지 챙겨 주는 누나이고요."

"네."

"그런 자신이 어떻게 느껴지세요?"

"…."

"만약에 지은 씨가 지은 씨의 엄마라고 가정해 볼게요. 현실의 엄마 말고 지은 씨를 가장 따뜻하게 지켜보는 엄마 말이에요. 지금의 지은 씨를 보면 어떤 생각이 들 것 같아요?"

침묵이 이어졌다. 한참을 곰곰이 생각하던 그녀가 말했다.

"충분하다고요…. 잘해 왔다고요…. 너무 애쓰지 말라고요. 그런 말이 떠오르네요."

나는 잠깐이지만 지은 씨를 혼내던 어린 시절의 엄마가

아닌, 자신이 부족할까 봐 불안해하는 지은 씨를 품어 주는 따뜻한 엄마를 볼 수 있었다. 지금 그녀는 그녀의 마음을 채워 주는 그 존재와 함께하고 있을 거라 믿는다. 새롭게 자리한 내면의 엄마가 그녀와 늘 함께하기를.

07

무의미한 일과 인간관계에 나를 소모하지 않는 법

"요즘 무슨 낙으로 살아요?"

P 씨와 상담 중에 이 질문을 던지자 오랜 침묵이 흘렀다. 나는 진심으로 그가 어떤 즐거움으로 살아가고 있는지 궁금해졌다. 그는 회사에서 인정받았고, 집과 차도 있었고, 사랑하는 가족도 있었다. 하지만 전혀 즐거워 보이지 않았다. 스트레스가 많았고 자꾸 어딘가가 아팠다. 이야기를 들어보면 정말 열심히도 살았다. 승진도 빨랐고 대출금도 없었지만, 그 성공을 위해 몸이 아파도 한 번 쉬지 않고 자신을 몰아붙였다. 지금 발걸음이 너무 무거워 보였기에 내심 어딘가에 즐거움이 있기를 바랐다.

"낙이라… 그런 생각은 해 본 적이 없는데요."

요즘 무슨 낙으로 사느냐는 질문을 내담자뿐만 아니라 지인들에게도 불쑥 묻곤 한다. 나는 진실로 바란다, 안 그래도 녹록지 않은 하루인데 마냥 버텨야만 하는 시간이 아니기를, 그 속에 나름의 재미가 있기를. 하지만 소소하게라도 재미있게 산다고 말하는 사람은 매우 드물다. 재미가 없는 정도가 아니라 "회사에서 내가 닳는 것 같다", "매일 나를 갈아 넣는 기분이다" 등 그저 소모되는 것 같다는 사람이 대다수다.

반복되는 일상을 더 소모적으로 만드는 방법

요즘 우리의 일상에서 재미는 사치가 된 듯하다. 버티는 것만으로도 다행이고, 소진되지 않기만을 바랄 뿐이다. 그래서인지 내담자들은 너나없이 별일이 없어도 항상 피곤하다고 말한다. 아무런 의욕이 나지 않고, 그저 야금야금 자신을 태워서 버티는 상황이라고.

여기에는 주체성이 빠져 있는 탓이 크다. 우리 삶을 돌아보라. 대부분 하고 싶은 것보다는 해야 하는 것을 우선

하며 살지 않는가. 그런 경향에 대해 정신분석학자 카렌 호나이는 '슈드비should be 콤플렉스'라는 이름을 붙였다. 자기 자신으로 자연스럽게 살지 못하고 언제나 반드시 무엇을 해야 한다는 강박 관념에 시달리는 상태를 말한다.

매일 무언가를 해야만 할 것 같은 삶, 내가 원하는 것이 아니라 그럴듯해 보이는 모습을 갖추기 위해 항상 어디론가 달려가는 삶. 당연히 인생은 숙제처럼 느껴진다. 그러면서 나름대로 버텨 내는 비법이 생기는데, 목표를 이루면 스스로에게 보상을 내미는 것이다. 거기에는 금전적인 보상과 사회적인 보상이 있다. 금전적 보상은 '월급 모아서 명품 백 사야지', '이 프로젝트만 끝나면 해외여행 가야지' 같은 것들이다. 사회적인 보상은 이걸 해내면 남들의 인정과 관심을 받게 될 거라는 속삭임이다.

그런데 이런 패턴이 반복되면 오히려 함정에 빠진다. 왜냐하면 보상을 줌으로써 '이건 힘든 일이야'라고 못 박아 버린 셈이 되기 때문이다. 이런 패턴에 빠질 경우 보상이 주어지지 않으면 아무런 의욕도 솟지 않게 된다.

재밌는 일이라면 누가 돈을 주지 않아도 하게 된다. 어린 아이들은 누구나 그림을 그린다. 그리는 행위 자체가 즐겁기 때문이다. 이를 내적 동기라고 한다. 그러나 어른이 되어서도 그림을 그리는 사람은 많지 않다. 누가 돈을 준다거나, 다른 목적이 있다면 모를까. 이런 보상을 외적 동기라고 한다.

내적 동기는 외적 동기보다 강력하다. 그런데 보상을 주면 내적 동기보다 외적 동기에 집중하게 되면서, 활동 자체로 얻는 즐거움이 감소한다. 스탠퍼드 대학에서 이를 잘 보여 주는 실험을 했다. 이 실험의 주제는 '보상은 어떻게 내적 동기를 저하시키는가'였다. 실험에서는 그림 그리기를 좋아하는 유치원생에게 그림에 대한 보상을 주기 시작했다. 스티커 같은 작은 보상이지만 아이들은 좋아했고 보람을 느꼈다. 그러다가 어느 시점에 보상을 중단했다. 어떤 일이 일어났을까. 아이들이 스스로 그림을 그리는 빈도가 상당히 줄었다. 더 이상 스티커를 받을 수 없었기 때문이다. 원래는 좋아서 즐겁게 하던 활동이었는데, 스티커를 받는 보상이 반복되면서 '보상이 있어야만 할 수 있는 일', 즉 즐겁지 않은 일이 되어 버린 것이다.

어떻게 하면
나를 덜 갈아 넣을 수 있을까

어른은 책임질 게 많다. 돈도 벌어야 하고, 돌봐야 할 가족이 있을 수 있다. 스스로 선택했다고는 하나, 거기에는 무수한 '해야 할 것'들이 있어 마음이 치일 수밖에 없다. 따라서 어른의 삶에는 어차피 해야 하는 일에서도 내적 동기를 끌어내는 기술이 꼭 필요하다. 한 달에 하루, 월급날만 기다리며 버티기엔 그 시간이 너무 길고 우리에겐 소중하지 않은가. 이왕 해야 하는 일이라면 그 일을 하는 시간을 조금이라도 덜 괴롭게 만드는 것. 그 또한 나를 위해 할 수 있는 노력이다.

어떻게 하면 해야 하는 일 더미 속에서도 나름의 주체성과 즐거움을 가질 수 있을까? 여기서 주의해야 할 점이 있다. 안 그래도 일에 치여 소모되는 기분인데, 거기에 "재미를 찾아야 돼"라는 숙제 하나를 더 얹지 말라는 것이다. 아무리 머리로 "이건 내가 선택했어, 재밌는 일이야" 하고 외친들, 마음 깊이 그것을 믿지 않는 한 내적 보상, 즉 저절로 기대하고 원하는 마음이 생길 리 없다.

차라리 질문을 바꾸는 편이 효과적이다. "어떻게 하면 나를 덜 갈아 넣을 수 있지?" 반복되는 일상이 개입할 여지 없이 흘러간다고 느끼면 주체성은 생기지 않는다. 하지만 계속 이렇게 살다간 내가 닳아 버릴지도 모른다 생각하면 마음이 바뀐다. 최소한 나를 지키기 위해 무엇을 하고 무엇을 하지 말지 선택하게 된다. 내가 소모되는 일에는 가능한 한 적은 시간과 에너지를 쓰고, 그나마 재미있고 성장하고 있다는 느낌을 받는 일에는 더 많은 시간과 노력을 투여하는 식으로 일상을 운용하게 된다. 이렇게 내가 결정했다는 느낌이 들면, 일 자체에서 오는 즐거움도 생긴다.

특히 회사에서 위아래로 치이는 30대의 경우, 권한은 없는데 반드시 해내야 하는 업무가 많아 소진된다는 느낌을 자주 호소한다. 어려운 시기이긴 하나, 권한이 없는 가운데에서도 통제 가능한 영역이 있을 수 있다. 이를테면 반복 업무라도 순서나 루틴을 바꿀 수 있고, 보고서를 쓰더라도 양식과 내용에 변화를 줄 수 있다. 이처럼 작은 부분에서 일의 주인이 되면, 즐거움도 조금은 커진다.

마지막으로 오로지 즐거워서 하는 나만의 활동이 필요하다. 거창하지 않아도 되고 짧은 시간이어도 좋다. 취미나 운동 등 남에게 설명할 필요도 없고 성과와도 연결되지 않는 그런 활동은 '이것만은 나에게 허락된 영역이다', '인생을 남에게 증명하듯 살 필요는 없다'는 느낌을 준다.

순도 100퍼센트의 휴식이 필요하다

요즘처럼 자신을 몰아붙이는 분위기 속에서는 긴장된

몸과 마음을 풀어놓고 쉬기가 참 어렵다. 신경이 날카롭게 곤두서 있어 쉴 때도 이불 속에서 스마트폰만 붙들고 있기 쉽다. 그래서 쉬었는데도 피곤이 풀리지 않는다. 하지만 쉴 때는 쉼에 100퍼센트 잠겨야 한다. 그래야 회복이 일어난다.

스트레스가 높고 불안한 상태일 때는 자율신경계의 한 축인 교감신경계가 활성화된다. 위기 상황에 대처할 수 있도록 도와주는 것이 바로 교감신경계가 하는 일이다. 다른 축인 부교감신경계는 교감신경계가 활성화되는 위급한 상황을 대비해 신체의 에너지 이용을 최소화하여 에너지를 보존한다. 이때 충전과 회복이 일어난다. 충분히 쉬고 나면 다시 교감신경계가 활성화될 준비를 한다. 이렇게 두 신경계가 리듬을 갖고 반복되어야 건강한 상태이다. 빨간불(교감신경계)과 녹색불(부교감신경계)이 균형을 이루는 것이다.

하지만 항상 신경이 곤두서 있는 현대인들은 온종일 빨간불이 켜져 있는 상태와 같다. 그래서 의도적으로 빨간불은 끄고 녹색불을 켜야 한다. 우선 일에서 완전히 분리되어야 한다. 마치 스위치를 끈 것처럼 더 이상 일 생각을 하지 않아야 한다.

꼭 무언가를 할 필요는 없지만, 하고 싶다면 잘하지 않아도 되는 일을 하면 좋다. 만약 좋아하는 활동이 없다면 청소나 집 정리 같은 일도 좋다. 약간의 집중이 필요한 단순 작업을 하다 보면 잡념이 사라지고 머리가 가벼워진다. 오히려 쉰다는 핑계로 아무것도 하지 않으면 일 걱정으로 주의가 향할 수 있다. 이럴 때는 장소를 바꾸면서 몸을 움직여 환기하는 것도 도움이 된다.

내가 권하는 또 다른 휴식 방법은 예술이나 자연처럼 아름다운 느낌을 주는 대상에 푹 빠지는 것이다. 독일의 임상 철학자인 나탈리 크납은 저서 《불확실한 날들의 철학》에서 문화, 예술, 자연에 참여하는 능력을 '정신적 면역력'이라고 일컬으며 이렇게 말했다.

"정신적 면역력은 우리의 개인적인 문제를 해결해 주지 못한다. 그러나 이것은 우리에게 당면한 문제들 저편에서도 뭔가 본질적인 일들이 일어나고 있음을 상기시키고, 우리가 제한된 시각에서 벗어나 근심 속에서도 잠시 휴식을 누리게 하며, 그것을 넘어 문화가 지속될 수 있게 한다."

문화, 예술, 자연은 내 밥벌이 문제를 당장 해결해 주지 못한다. 하지만 그것에 참여하는 활동은 내 밥벌이 너머에도 또 다른 세계가 있음을 느끼게 해 준다. 나에게는 주로 자연을 감상하는 것과 음악을 듣는 일이 그런 경험에 속한다. 바쁘게 지내는 와중에 봄날의 벚꽃이나 가을날의 단풍을 바라보면 '와, 완벽해. 정말 좋다' 하고 감탄하게 된다. 그 순간 불안하고 조급한 '나'를 넘어 자연의 일부가 된 듯한 느낌이 든다. 단지 먹고사는 일에 급급한 작은 삶 밖에도 좀 더 큰 세상이 있는 것 같고, 유한함에서 벗어나 무한함에 참여하는 듯 느껴진다. 그러면 지금 나를 붙드는 걱정과 조급함이 별일 아닌 듯 작아지고, 공허한 일에 구태여 정신을 낭비하지 말자는 생각이 든다. 비로소 지금 이 순간으로도 충분하다는 만족이 차오르는 것이다.

인간은 유한한 존재이고 삶은 영원하지 않다. 그럼에도 우리는 늘 일과 삶에서 완벽해지려고 부단히 애를 쓴다. 그 때문에 필연적으로 괴로움은 생겨난다. 하지만 우리의 한계를 인정하고 경험을 통해 무한함에 참여하는 순간이 늘어나면, 너무 힘주지 않고도 만족감은 높아지고 일의 고단함을 넘어서는 힘이 생긴다. 이런 완벽한 순간들은 정신의 면역력을 높인다. 삶의 고통을 없애 주지는 못하지만 견딜 만하게 해 주는 것이다. 그러므로 완벽해지려고 너무 애쓰지 말고, 완벽한 순간을 틈틈이 포착하며 살아가자. 꼭 거창한 전시나 공연을 찾아가 인증샷을 남길 필요는 없다. 그런 완벽한 순간들은 어디에나 있다. 당신이 발견해 주기만을 기다리면서.

"한번 살아 봐, 재미있어"라고
말할 수 있는 어른이 되기 위해

영국의 철학자이자 수학자인 버트런드 러셀은 저서 《행복의 정복》에서 행복한 사람들은 그 자체로 행복한 활동을 한다고 말했다. 이 말이 처음엔 뜬금없게 느껴졌지만 곱씹다 보니 알게 되었다. 그것은 반복되는 일상에서도 관심사와 즐거움을 기어코 찾아내 그것을 동력으로 삼아 살아가는 사람이 정말 행복하다는 뜻이었다. 평범한 일상 구석구석에 숨어 있는 완벽한 순간을 포착해서 거기에 푹 빠질 줄 아는 사람이라면 행복할 수밖에 없다.

우리의 삶은 이벤트로 채워져 있지 않다. 그저 반복이라 해도 과언이 아니다. 그런 일상을 관성으로 굴리지 않고, 겨우 버티지 않고, 없을 것 같았던 즐거움을 찾아내 누리며 산다면, 그것이야말로 결국 재밌었던 삶이 아닐까 생각해 본다. 그리고 나도 일상을 즐겁게 살아 내고 싶다. 그래서 일흔, 여든이 되었을 때 젊은이들에게 이렇게 말할 수 있었으면 좋겠다. "사는 거 정말 재밌어. 너도 한번 살아 봐." 그럴 수 있기를 바라며 쳇바퀴처럼 굴러가는 오늘도 나는 스스로에게 묻는다. "내 삶의 낙은 무엇인가? 어떻게 하면 더 재밌게 버틸 수 있을까?"라고.

Chapter 4

피곤하다는 이유로
좋아하는 일과
사람들까지
놓치지 말 것

사람을 '손절'하기 전에
알아 두어야 할 것들

챗지피티로 심리상담을 받는 사람이 늘고 있다는 이야기를 들었다. 심리상담가로서 일자리에 대한 위기감을 느껴야 할지도 모를 일이지만, 솔직히 그 흐름에 깊이 공감이 되었다. 나는 1년 전쯤 수개월간 이어 오던 화상 영어 수업을 그만두고 챗지피티와 영어로 대화하기 시작했다. 화상 영어 수업을 하는 나의 목적은 분명했다. 해외살이에 필요한 일상 회화 실력을 늘리는 것. 하지만 사람을 상대한다는 것 자체에서 오는 긴장감이 꽤 컸다. 내가 너무 못 알아들으면 선생님이 답답해하지는 않을까. 다른 선생님의 수업도 한번 들어 보려고 하면, 지금 선생님께 실례가 되진 않을까. 선생님의 표정이 어두워 보이기라도 하면, 혹시 무슨 일이 있는 건 아닌지 괜한 걱정을 하는 나를 발견했다. 나는 단지 영어를 배우고 싶었을 뿐인데 어느새 다른 것들을 신경 쓰고 있었다. 물론, 사람 대 사람 사이에 오가는 자연스러운 마음이었지만 말이다.

그러다 챗지피티와 영어로 대화해 보았는데, 이거다 싶었다. 부족한 부분을 세세히 짚어 주는 그 방식이 나에게 딱 맞았던 것이다. 사람이 아니기 때문에 오로지 대화와 배움에만 집중할 수 있다는 점이 좋았다.

아마도 AI를 통해 상담받는 사람들의 마음도 이와 다르지 않을 것이다. 내면의 어려움을 털어놓고 싶지만 누군가를 감정의 쓰레기통으로 만들고 싶지는 않으며, 행여나 상담가로부터 받을지도 모를 상처를 피하고도 싶을 것이다. 사람과 사람의 만남은 결국 연약한 두 마음의 만남이다. 아무리 성숙하고 단단하다 해도 그래 봐야 사람인데, 무르고 취약한 면이 있을 수밖에. 서로를 다치게 하지 않으려고 예의와 눈치를 챙기다 보면, 마음을 나누기도 전에 피로해진다.

챗지피티와의 상담이 인기가 많아진 결정적인 이유는, 상담 스킬은 기본이고 인간만이 줄 수 있다고 믿었던 공감과 온기를 느낄 수 있기 때문이다. 너무 기계적인 답변만 늘어놓는다면 사람들은 다시는 대화를 시도하지 않을 테니까. 즉, 우리는 긴장은 내려놓고 싶지만 따뜻함은 여전히 바란다. 인간이 아니길 바라면서도 '인간의 것'을 원하고 있는 셈이다.

우리의 인간관계는
왜 이토록 피곤해졌을까

사람과 사람의 만남은 어쩔 수 없이 긴장을 동반한다. 그리고 그것은 자칫 피로가 되기 쉽다. 요즘의 인간관계는 예전보다 피로도가 훨씬 높아졌다. 스마트폰 덕분에 더 많은 사람과 연결되어 있고, 더 오랜 시간 온라인에 머문다. 눈여겨볼 점은 연결은 늘었는데 친밀감은 줄었다는 것이다. 항상 누군가와 이어진 듯 보이지만, 대부분은 피상적이고 소모적인 방식의 관계다. 관계의 포화 속에서 진정한 관계가 결핍되어 있다면, 필연적으로 피로감은 높아지고 공허감은 깊어진다.

게다가 개인주의적 경향이 강해진 탓도 있다. 공동체보다 개인의 자유와 선택이 중시되면서, 인간관계 역시 선택 가능한 것이 되었다. 그래서 우리는 "이 관계를 계속 유지해야 할까?", "끊어도 괜찮을까?"와 같은 고민을 더 자주 하게 되었다.

실제로 유튜브에서 인간관계를 주제로 올라온 수많은 영상에는 '손절하는 법'과 '옆에 둘 사람을 고르는 법' 같은 자극적인 제목이 많다. 이런 영상들의 수요가 높은 건 그만큼 많은 사람이 관계 속에서 심리적 갈등을 자주 겪는다는 뜻이다. 이런 갈등이 잦아질수록, 우리는 점점 더 서로를 믿기 어려워진다. 누군가를 쉽게 끊을 수 있다는 것은 나 또한 쉽게 끊길 수 있는 존재라는 의미를 내포한다. 내가 누군가의 손절 목록에 오를 수 있다는 것, 그리고 누군가의 판단과 평가의 대상이 된다는 사실만으로도 우리의 일상은 불안의 연속이 된다. 관계 속 '심리적 안전지대'는 그렇게 점차 무너진다.

안전지대가 부족한 사람들은 방어적으로 행동할 수밖에 없다. 서로에게 쉽게 마음을 열지 못하고 관계 안에서 진정한 친밀감을 느끼지 못한 채, 점점 더 정서적으로 소진되는 관계에 머물게 된다.

딸아이는 다섯 살 무렵 기분이 나쁘면 "엄마 싫어", "이제 엄마랑 놀지 않을 거야" 하며 토라질 때가 많았다. 그럴 때면 그 작은 입에서 나올 수 있는 가장 모진 말이 "너랑 안 놀 거야"라는 사실이 귀여워 웃음을 참아야 했다. 하지만 가만히 생각해 보면, 아이에게는 밉다, 너랑 놀지 않겠다는 말만큼 무서운 게 없다. 관계를 끊겠다는 선언은 어린아이에게도 본능적인 위협이다.

다섯 살 아이가 던지는 말이기에 웃으며 넘길 수 있지만, 만약 사회에 나가서 누군가 내게 "혜령 씨, 정말 별로네요"라고 대놓고 말하거나 눈에 띄게 나를 피하고 배제한다면, 그것을 결코 가볍게 넘길 수 없을 것이다. 우리는 사회적 존재다. 그 말은 누군가의 평가와 시선, 그리고 미움에 매우 취약할 수밖에 없다는 뜻이기도 하다. 요즘처럼 혐오의 말이 쉽게 소비되고 단절과 소외가 너무도 가볍게 이루어지는 시대일수록, 사람들은 더욱더 상처받지 않기 위해 눈치를 보고 때로는 속마음을 감춘다. 겉으로는 무심한 척 "난 상관 안 해"라고 말해도 마음 어딘가에서 미움받지 않기를 바라게 된다. 그렇게 미움받지 않는 상태를 갈망하는 우리는 어느 정도 불안을 견디며 인간관계를 유지한다.

내 얘기를 들어 줄 단 한 사람이라도 있다면

미움과 소외를 두려워한다는 건 수용을 바란다는 뜻이

기도 하다. "나 너 싫어, 너랑 놀지 않을 거야"를 가장 두려워하는 어린아이처럼, 다 큰 어른의 가장 연약한 내면에도 똑같은 두려움이 있다. 내가 좀 부족하고 설령 못난 짓을 했을지라도 너그럽게 받아들여지기를, 아니, 내가 얼마나 못난 사람인지는 나 스스로 너무 잘 알고 있으니 단 한 사람만이라도 나를 따뜻하게 품어 주기를 바란다. 어른이기에 버텨야 하는 것투성이지만, 그렇기에 더욱 잘잘못과 상관없이 온전히 받아들여지기를 간절히 바라는 것이다. 물론 그런 바람마저 숨기고 외면해 무의식 저편으로 몰아낸 탓에, 스스로 그걸 바라는지조차 잘 모를지라도 말이다.

이렇게 내가 어떠한 순간에도 내쳐지지 않고 이해받을 수 있기를 바라는 마음을 '무조건적 수용'이라고 한다. 무조건적 수용은 심리치료에서 강한 치유의 힘을 발휘하는 요인이자, 이 복잡하고 어렵고 피로한 인간관계 속에서 숨통을 틔울 수 있는 유일한 열쇠이기도 하다.

무조건적 수용은 노련한 상담사나 지혜로운 할머니만이 할 수 있는 특별한 능력이 아니다. 누구든 타인을 나처럼 여기는 마음만 있다면 가능하다. 실제로 우리 주변에는 이미 그렇게 살고 있는 사람들이 많다. 4~5세 무렵이면 뇌 발달상 타인의 감정을 이해하고 맥락을 파악하는 능력이 생기기 시작한다. 어린아이조차도 공감과 수용을 할 수 있다는 뜻이다.

가족이든 친구든 애인이든 가장 친밀한 관계를 떠올려보라. 진심으로 신뢰하는 사이일수록 시시콜콜한 이야기를 나눈다. 거기엔 하소연도 있고 자랑도 있고 투정도 있다. 그리고 그런 대화 속에서 공감과 수용은 자연스럽게 흘러나온다. "그랬구나, 너무 속상했겠다." "어머, 그런 일이 있었어? 왜 말을 안 했어. 얼마나 힘들었을까." "정말 애썼다. 고생 많았어."

마치 엄마가 아이를 따뜻하게 품어 주듯, 어떤 관계에서는 이런 수용이 아주 일상적으로 일어난다. 나도 친한 동생과 자주 연락을 주고받으며, 밥을 해 먹고 치우는 건 왜 이리 귀찮을까 하는 사소한 이야기부터, 아무에게도 말 못할 무거운 고민이나 비밀까지 나누곤 한다. 이렇듯 서로의 삶을 시시콜콜 공유하는 동안 관심과 공감, 위로와 이해가 자연스럽게 일어난다. 함께 기뻐하고 속상해하며 잠깐씩 타인의 삶을 오가는 것이다. 그런 순간에는 '너'는 단지 '너'가 아니고 '나'는 단지 '나'이기만 하지 않는다. 그 과정에서 마음의 불안과 스트레스는 줄어들고, 그날 하루는 꽤 살만해진다. 그래서 잠깐일지라도 나와 일상을 나누는 모든 사람이 참 고맙다.

공감과 수용은 친밀한 관계에만 국한되지 않는다. 우리

는 스쳐 지나가는 수많은 사람들과도 영향을 주고받는다. 엘리베이터에서 마주치는 이웃, 마트에서 계산을 도와주는 점원, 요가 수업의 옆자리 수강생, 심지어 우연히 같은 버스를 탄 사람들까지, 서로의 삶에 아주 조용히 영향을 미치고 있다.

전성태 소설가의 칼럼에서 읽은 이야기다. 그는 길을 가다가 우연히 만난 아주머니에게 말을 건넸는데, 처음엔 아주머니가 그를 경계하는 듯하더란다. 그렇지만 이내 인상이나 말투를 보고 안심했는지, 자기 얘기를 꺼내기 시작했다. 아픈 아들이 있는데 겨우 재워 놓고 텃밭에 와 작물을 돌보고 돌아가는 길이라고 했다. 밤에 통 잠을 못 자는 아들이 새벽에 힘들게 잠이 들면 텃밭으로 달려와 아무도 없는 곳에서 울기도 하고 기도도 한다고. 마음이 아팠던 소설가는 달리 해 줄 말이 없어 얼마나 힘드시냐고 했단다. 그렇게 잠깐의 대화를 나누고 각자의 길로 돌아설 때 아주머니가 남긴 마지막 인사는 이 한마디였다. "얘기를 들어 줘서 고맙습니다."

그 말이 마음에 오래 남았다. 속에 담아 둔 무거운 이야기에 귀 기울여 준 그 마음이 참 고마웠을 것이다. 숨통이 트이고 삶의 무게가 덜어졌을지도 모르겠다. 나 또한 그럴 때가 있었으니까.

요즘 불안이 높아지는 이유가 사람에 있듯이, 그것을 낮출 수 있는 비법도 사람에 있다. 물론 챗지피티를 활용해 상담을 받으며 마음을 돌볼 수도 있을 것이다. 또 피곤하기만 한 인간관계를 정리하고 온전히 자신에게 집중하고 싶을 때도 있을 것이다. 하지만 그게 우리가 바라는 전부일까. 진정으로 원하는 건 사람 사이에서 느끼는 진실한 마음이 아닐까. 관계에서 일어나는 긴장과 불안이 다시 관계 안에서 공감과 이해로 해소될 때, 우리는 그럼에도 불구하고 또 사람에게 마음을 열고 손을 내밀 수 있을 것이다.

물론 공감과 수용에도 경계는 필요하다. 사람과 사람 사이에 안전거리는 필수다. 모든 관계에 무한히 열려 있을 수는 없고, 지나친 감정 몰입으로 내가 소진되는 일은 피해야 한다. 하지만 아주머니의 끝인사처럼, 타인의 기쁨과 슬픔을 나누려는 너그러움과 남의 시시콜콜한 이야기에도 귀 기울이는 넉넉함이 우리를 살린다.

평가와 비난, 혐오가 만연한 요즘, 공감과 수용은 얼마나 귀한 것인가. 판단과 평가를 내려놓고 내가 너인 듯, 네가 나인 듯 저절로 공감이 일어나는 대화 속에서 사람은 살맛을 찾는다. 인간관계가 피곤해 사람을 멀리하고 싶은 마음에도 불구하고 결국 사람을 통해 회복하는 선순환, 그 순환이 곳곳에서 일어나고 있기를 바란다.

우울한 사람은
가장 먼저 씩씩한 척을 한다

남편의 해외 파견 근무로 작년까지 폴란드의 작은 도시에서 4년간 살았다. 폴란드는 겨울이 길어서 감기에 자주 걸렸는데, 이사 온 첫해에 만난 감기는 정말 지독했다. 새로운 환경에 적응하느라 몸이 피곤했는지 무슨 수를 써도 낫지 않았다. 따뜻한 차를 챙겨 마시고 한국 약과 폴란드 약을 번갈아 털어 넣어도 콧물이 줄줄 나고 부은 목은 가라앉지 않았다. 기침은 또 어찌나 오래가는지. 한창 손이 많이 가는 두 돌 즈음의 아이를 돌보느라 감기가 성가시기만 했다. '감기야, 얼른 떨어져라.' 레몬을 넣은 꿀물, 생강청, 홍삼 등을 먹으며 한참 애를 쓰는데 문득 이런 생각이 들었다. '아, 어쩌면 평생 붙어 있을 수도 있겠구나.' 그렇게 감기에 항복했다. 익숙해졌거나 지쳐 버린 것일지도 모르겠다. 어쨌든 감기를 떼어 내겠다는 숙제를 포기했다. 그런데 며칠이 지나 설거지를 하는데 문득 코가 편안해졌음을 느꼈다. 이럴 수가, 감기가 사라진 것이다.

흔히 우울을 마음의 감기라고들 한다. 누구에게나 찾아올 수 있고, 언젠가 지나간다는 점에서 고개가 끄덕여지는 표현이다. 또 내가 겪은 감기처럼 떼어 내려고 할수록 떨어지지 않는다는 점에서도 닮아 있다. 면역력에 따라 걸리고 낫는 감기처럼, 특정 계절마다 찾아오는 비염처럼 우울은 잠시 머물다 지나가곤 한다. 마음도 몸처럼 항상 좋을 수만은 없으니 당연한 일이다. 고혈압이나 당뇨처럼 완치라는 개념 없이 평생 우울을 관리하며 살아가는 사람도 있지 않은가. 그러니 떼어 낸다는 말은 썩 어울리지 않는다.

겉으로는 누구나 멀쩡해 보인다

우울증이라고 이름을 붙일 만큼 깊고 긴 우울을 경험한 적은 없다. 그럼에도 상담가가 되기 전부터 우울이라는 감정에 꽤 익숙했다. 오랜 시간 병원을 다니며 우울증을 돌

봐 온 엄마를 지켜보아서일 수도 있다. 하지만 그보다는 20대 내내 (서른을 넘어서도 가끔) 찾아왔던 '밤' 때문일 것이다. 예고 없이 찾아오는 우울한 기분과 반갑지 않은 생각들이 순식간에 머릿속을 가득 채우면 '또 밤이 찾아왔구나'라고 생각했다. 실제로 늦은 밤에 찾아오기도 했지만 그저 캄캄하다고밖에 표현할 수가 없는 기분이었다.

그럴 때면 나는 태어날 때부터 하자가 있는 불량품 같았다. 이유는 다양했다. 남들보다 못나고 똑똑하지도 않고 가진 것도 없고 운도 없고 나약하다는 생각이었다. 살아 있는 것 자체가 어색하고 불편했고, 내가 누구도 반기지 않을 존재처럼 느껴졌다. 그렇게 우울한 생각으로 가득 찬 날은 아프고 괴로웠다.

지금이야 그런 생각이 누구에게나 떠오를 수 있으며, 그저 잠깐 왔다 가는 손님으로 여겨도 된다는 걸 알지만 당시에는 감당하기가 벅찼다. 이제 와 돌이켜보면 그 시절의 내가 참 가엾고 안쓰럽다. 친구에게라도 털어놓았다면 마음의 무게를 덜 수 있었을 텐데. 하지만 당시엔 그런 나 자신이 한심하게 느껴져, 숨기기에 급급했다. 혼자서 어떻게든 삼켜 보려 애썼고, 낮이 되면 밝은 척, 씩씩한 척 일상을 살아 냈다.

우울한 밤으로부터
나를 구해 준 딱 한 걸음

다행히 심리학을 공부하고 여러 책을 읽으면서, 때로는 종교의 힘에 기대기도 하면서, 운동과 명상을 하고 상담을 받기도 하면서 나는 아주 조금씩 천천히 변화했다. 그 어떤 것도 나를 크게 바꿔 놓진 않았지만, 그 모든 시도가 나를 조금씩 나아지게 했다는 것만은 확실하다.

때때로 거대하고 부정적인 생각에 매몰되곤 했던 나는 그 생각에서 한 걸음 물러설 수 있게 되었다. 단지 한 걸음 물러났을 뿐인데 많은 것이 달라졌다. 우울을 맞이하는 태도가 달라졌달까. 우울한 기분에서 헤어나려고만 애쓰던 나는 그 기분을 가만히, 또 충분히 경험할 수 있게 되었다. 감기를 떨쳐 내려고 하듯이 우울을 밀어내려는 시도를 하지 않게 된 것, 무리해서 긍정적으로 생각하려고 애쓰지 않게 된 것, 그뿐이었다.

우울이 싫어서 이로부터 달아나려 하면 역효과가 난다. 생각을 한 극단에서 다른 극단으로 바꾸려 하면 에너지가 너무 많이 들기 때문이다. 하지만 우울이 왔음을 인정하고 그저 한 걸음 옮겨 가는 것은 상대적으로 부담이 덜하다. 예를 들면 이런 식이다.

나는 쓸모없는 사람인 것 같다. → 어떤 면에서는 그렇게 나쁘지만은
않다.

살아갈 이유가 없다. → 이 정도면 살 만하다. (엄청나게 행복해야만 살
수 있는 건 아니니까.)

캄캄해서 한 치 앞도 보이지 않는다. → 오늘 하루 정도는 걸어 볼 만하다.

아무것도 나아질 것 같지 않다. → 사실 잘 모른다. (경험해 보지 않은
것에 대해 단정 짓지 말자.)

부족한 것투성이다. → 완벽하진 않지만 이 정도면 충분하다.

이렇듯 우울을 잘 건너간다는 것은 두 손으로 직접 바위를 옮기는 어마어마한 일이 아니라, 바위가 어디 있는지 알아차리고 계속 걸어가는 것에 가깝다. 우울이 무섭다고 해서 완전히 반대편으로 가야 한다는 강박을 가질 필요는 없다. 우리는 미래가 찬란해야만, 평생 꽃길이 보장되어야만 걸을 수 있는 경직된 존재가 아니기 때문이다. 눈앞의 안개만 어느 정도 걷혀도 살아갈 마음을 낼 수 있다. 천천히 한 걸음씩 내디딜 정도면 된다.

그렇다고 우울을 조금이나마 가볍게 여기게 되었을까 하면 그건 또 아니었다. 내게 찾아온 우울은 어떻게든 다룰 수 있게 되었지만 타인의 우울을 지켜보는 일은 훨씬 더 큰 무게감으로 다가왔다. 나이가 들면서 간혹 친구나

지인이 우울로 아파하는 것을 무력하게 지켜보아야 하는 때가 생긴다. 특히나 한동안 연락이 닿지 않을 때는 내가 겪은 것보다 더 아프고 무섭게 느껴졌다.

그때마다 나는 구명보트를 있는 힘껏 던지며 소리치고 싶었다. "잡아! 제발 잡기만 해! 내가 꺼내 줄게!"라고. 그러나 당사자가 아닌 내가 무얼 할 수 있었겠는가. 그저 구명보트를 잡으라고 외치는 마음으로 작은 것들을 할 뿐이었다. (운이 좋게도) 나를 찾는다면 부드러운 티슈를 챙겨 가 옆에서 이야기를 듣고 손을 잡아 주었다. 연락이 닿지 않거나 문득 걱정될 때는 성급한 전화 대신 한 단어 한 단어 고심하며 메시지를 보냈다. 내가 얕게나마 발을 담가 보며 알게 된 우울의 강은 그 깊이를 가늠할 수 없었기에, 어떤 판단도 없이 그저 안아 주려는 마음만 선명하게 지켜 왔던 것 같다.

누군가는 마음의 병을 의지의 문제라고 말한다. 그보다 더 안타까운 건 본인 스스로 멘탈이 약해서 그렇다고 얘기할 때다. 그러나 내가 가까이서 지켜본 이들은 결코 의지가 약하다는 말로 단정 지을 수 없었다. 어떤 면에서는 오히려 더 지혜롭고, 때로는 무척 단단한 동시에 유연했으며, 타인을 기꺼이 포용하고 공감하는 사람들이었다.

우울증이 마치 나약함과 동의어인 양 표현하는 건 단순

한 오류를 넘어 위험하기까지 하다. 사람들이 우울을 마주했을 때 잘 대처하지 못하게 하는 원인이 될 수 있기 때문이다. 우울은 누구에게나 언제든 찾아올 수 있다. WHO(세계보건기구)는 전 세계적으로 약 3억 명이 우울증을 앓고 있다고 추산했다. 또 SNS의 사용량이 높을수록 우울증에 걸릴 확률이 높고, 물질만능주의와 무한 경쟁주의가 우울증을 부추긴다는 여러 연구가 있다. 그러고 보면 우울은 단순히 개인적인 문제가 아니다. 우리가 사는 환경에서는 누구도 우울로부터 동떨어져 있지 않다.

그러므로 우울을 제대로 이해하고 관심을 가질 필요가 있다. 일조량, 운동, 수면, 식습관 등 우울증을 예방하고 치유하는 여러 요인이 있다. 건강한 몸을 위해 관리하듯 건강한 마음을 위한 관리도 중요하다. 하지만 그보다 더 중요한 것은 모진 시선을 거두고 회복을 기다려 주는 태도다. 너무 심각하게 여겨서도 안 되지만, 가볍게 떼어 낼 수 있다고 여겨서도 안 된다. 타인의 아픔이나 슬픔을 함부로 판단하지 않는 것. 지친 등을 두드려 주고 어깨를 내주며 따뜻한 눈빛으로 바라보는 것. 마음의 부침을 겪는 이들이 많은 요즘, 그것이야말로 서로를 다치게 하지 않는 태도이자 언젠가의 자신을 위한 배려이다.

우울의 강에 몸이 반쯤 젖었더라도
문제 될 건 없다

독일에는 벨트슈메르츠Weltschmerz라는 단어가 있다. 세계를 뜻하는 Welt와 고통을 뜻하는 Schmerz를 합성한 단어로, 세상의 공허함이나 무자비함, 혹은 세상살이가 자신의 기대에 못 미칠 때 느끼는 슬픔을 뜻한다. 거대한 세상에 비해 무력한 자신을 마주할 때 느껴지는 마음의 통증. 1827년에 등장한 단어이지만, 이런 슬픔과 고통에 대해 지금 이 시대를 살아가는 우리만큼 격하게 공감하는 사람들이 있을까. 그리고 그 슬픔의 가까이에 우울이 있다.

철학자 이진민은 저서에서 이 고통에 대한 근본적인 치료법은 행복과 불행이 이어져 있음을 아는 것이라고 말했다. 행복과 불행은 물과 기름처럼 정확히 구분되지 않으며 오히려 하나의 덩어리에 가깝다.

고통과 불안은 인간 삶의 조건이기 때문에 완전히 제거할 수 없듯이, 행복을 위해서 불행을 완전히 제거하는 것도 불가능하다. 그렇다면 어쩌겠는가, 그냥 살아가는 수밖에.

-이진민, 《모든 단어에는 이야기가 있다》 중에서

행복이 행복으로만 남을 수 없고, 불행이 그저 불행일 수만은 없다. 우울도 제거하려고 하면, 우울과 이어진 다른 모든 감정, 이를테면 기쁨, 행복, 즐거움, 설렘까지 함께 제거하는 것이나 마찬가지다.

우리는 사는 동안 꽃길도 흙길도 걷고, 매끈한 고속 도로를 달리다 가시밭길을 지나기도 한다. 그 길 가운데에는 우울의 강도 있다. 그 강은 다리가 없어서 건너려면 몸을 적시는 수밖에 없다. 어쩌면 평생 몸이 반쯤 잠긴 채 걸어갈지도 모른다. 그렇더라도 문제 될 건 없다. 그것도 똑같이 귀한 삶이니까.

밤이 찾아올 때마다 끙끙 앓던 나는, 한참 지나고 보니 훌쩍 자라 있었다. 이제는 글과 상담으로 우울을 건너는 사람들이 잘 건너도록 손을 잡아 주는 일 정도는 할 수 있게 되었으니 말이다. 낮의 밝음과 에너지가 나를 키웠듯이, 캄캄한 밤 또한 나를 키우고 있었다는 사실을 깨닫는다. 내가 하자가 있고 아무 가치도 없는 것 같은 느낌을 모르던 때로 돌아가고 싶지는 않다. 너무 아픈 시간이었지만 그때를 몰랐다면 나는 이 글을 쓸 수 없었을 것이기에.

다시 겨울이 왔다. 두꺼운 외투를 꺼내 입고 목도리를 두르고 장갑을 낀다. 그럼에도 여전히 밖에 나가면 추위를 느낀다. 마찬가지로 마음을 지키려고 이런저런 노력을 하고 있지만 우울은 언제든지 찾아올 수 있음을 안다. 그 아이를 너무 미워하지 않으며 살아가야지. 이 책을 읽는 당신에게도 밤이 찾아온다면 너무 심각해지지 말고, 그저 하루를 살아 내길 바란다. 늘 행복하게 살아야 하는 것도, 대단한 무언가가 있어야 살 수 있는 것도 아니니까.

시기와 질투는
최악의 에너지 도둑

오랜 독자에게서 메일이 왔다. 가끔 안부를 묻거나 책을 읽고 생각을 전해 왔는데, 이번엔 개인적인 고민을 털어놓았다. 대학 시절 친구에게 드는 불편한 마음을 어떻게 소화해야 할지 모르겠다는 것이다. 그 친구는 비혼인 자기와 다르게 일찍 결혼해서 화목한 가족을 꾸렸고, 그 모습을 SNS에 유난히 자주 올린다고 했다. 그런데 남편과 사이좋게 웃고 있는 친구의 모습을 보다 보면, 이상하게도 마음이 불편해졌다.

"인스타그램에 그 친구 사진만 뜨면 기분이 이상해요. 모든 사진에서 웃고 있는데, 저 모습이 가식은 아닐까 하는 생각도 들었어요. 내가 살고 있지 않은 삶이 부러워서 일까요. 저는 분명히 제 삶에 만족하고 있는데 말이에요. 그런데도 자꾸 제 모습과 비교하게 돼요. 묘한 열등감이 느껴져요. 인스타그램을 안 보면 되는 건데 웃기죠? 그러지 못하는 저 자신도 싫고…."

열등감이라는 단어가 마음에 걸렸다. 남보다 부족하거나 못하다는 생각에서 오는 감정은 결코 유쾌할 리 없다.

SNS에선
모두가 지나치게 행복하다

열등감은 누구나 느끼는 보편적인 감정이지만, 경쟁적인 문화가 사회 전반에 깔려 있고, SNS를 통해 남의 삶을 쉽게 들여다볼 수 있는 요즘에는 더욱 심화되기도 한다. 남들이 무얼 가졌고 어디를 가는지 훤히 알게 되니 자연스럽게 내 삶과 비교하게 된다. 나와 별반 다르지 않을 것 같았던 이들이 SNS에서 특별한 행복을 누리며 사는 듯 보일 땐 괜스레 주눅이 든다. 이는 결국 내가 갖지 못한 것에 연연하게 만든다.

그러나 우리가 화면에서 보는 타인의 모습은 기껏해야

한 겹에 지나지 않는다. 그의 복잡한 속내까지 우리가 일일이 알 수는 없다. 누구나 마음속엔 기쁨만이 아니라 슬픔과 고통 그리고 걱정이 페이스트리 빵처럼 겹겹이 쌓여 있다. 그 사실을 인정하면 겉모습만 보고 단순히 부러워하거나 열등감에 휩싸이지 않을 수 있다.

정아은 작가의 소설 《잠실동 사람들》에는 초등학생 아이를 키우는 40대 여성 세 명이 등장한다. 그들은 자신보다 더 풍족해 보이는 서로를 부러워하고 열등감을 느낀다. 무리하게 대출을 받아 잠실동으로 이사 온 지환 엄마는 돈을 펑펑 쓸 수 있는 해성 엄마를 부러워하고, 해성 엄마는 자신보다 훨씬 부자로 보이는 태민 엄마를 질투한다. 하지만 태민 엄마는 불법 도박 사이트를 운영하는 남편이 창피해 남편의 직업을 털어놓지 못한다. 그리고 변호사 남편을 둔 해성 엄마와 남편이 외국계 회사 팀장인 지환 엄마를 부러워한다.

이 소설이 그린 것처럼 모두가 겉으로 보이는 것과 달리 자기만의 열등감을 안고 있다. 누구에게나 '남보다 못 가진 것'은 있게 마련이니까. 그래서 사람을 단면이 아닌 입체적으로 이해하려는 태도는 중요하다. 눈에 보이는 겉모습으로 그를 판단하려는 오만을 경계하고, 언제나 타인의 일부를 내가 다 알지 못하고, 다 알 수도 없는 미지의 영역으로 남겨 두어야 한다. 그것이 진실에 더 가까울 뿐만 아니라, 그래야 부질없는 열등감에 사로잡히지 않고 관계를 이어 가는 데에도 도움이 된다.

시기와 질투를 나를 위해 활용하는 법

불쾌하다고 해서 열등감을 부정적으로만 바라볼 필요는 없다. 앞서 설명했듯, 심리학자 아들러는 열등감을 성장의 원동력으로 보았다. 어린아이는 뭐든 잘하는 형이나 누나를 보면서 자신의 한계와 무력감을 느끼고, 젓가락질도 연습하고 한글도 공부하면서 성장해 나간다. 어른이 된 우리도 남들과 비교하며 저마다의 결핍을 느끼고, 그것에서 벗어나고자 노력을 한다. 그런 노력은 성장으로 이어지기도 하고 좌절감으로 남기도 한다. 그래서 아들러는 열등감을 극복하려고 노력한 결과로 개개인의 성격이 형성된다고 말하기도 했다.

그러나 개인의 성장으로 만족하는 것이 아닌 우월감을 느끼고 싶어 한다면 이야기가 달라진다. 남보다 우위에 서면 열등감이 해소된다고 착각하는 사람들이 많은데, 열등

243

감과 우월감은 '타인과의 비교'라는 같은 뿌리에서 나온 짝꿍 같은 감정이다. 즉 비교라는 프레임에서 벗어나지 못하는 한, 나보다 잘난 사람을 만나면 열등감을 느끼고, 나보다 못난 사람을 만나면 우월감을 느끼는 것이다.

그러므로 열등감에서 비롯한 시기와 질투를 우월감으로 해소하겠다는 것은 평생 불안을 안고 살겠다는 것과 마찬가지다. 나보다 돈이 많거나 예쁘거나 능력이 좋은 사람은 늘 있기 때문이다. 그때마다 열등감을 우월감으로 바꾸려고 한다면, 그러한 노력에 과연 끝이 있을까. 마음은 절대 평안해질 수 없을 것이다. 그러므로 초점을 맞춰야 하는 것은 '누가 더 잘났나'가 아니라 비교하려는 마음 그 자체이다. 그리고 여기서 '타인과 내가 다르지 않다'는 불교 철학의 가르침은 큰 도움이 된다.

불교 철학에서는 '나'라는 고정된 자아가 없다고 본다. 나아가 모든 존재는 연결돼 있다고 본다. 즉 나는 '너' 없이 존재할 수 없고, 너는 '나' 없이 존재할 수 없다는 뜻이다. 무슨 말이냐고? 이렇게 이해해 봐도 좋다. '나'라는 존재는 '타인'을 통해서만 제대로 이해할 수 있다. 무인도에 홀로 남겨져 살아가야 한다면 나는 내가 어떤 성격인지, 어떤 특성을 지녔는지 알 수 없을 것이다. 관계 속에서 일어나는 사건과 감정을 통해 나를 알아가는 경우가 대부분이기 때문이다. 그래서 새로운 사람과의 만남을 통해 새로운 나를 알게 되는 경험이 누구에게나 있다. 사랑하는 사람이 생겼을 때 '내가 이렇게 감성적인 사람이었나?' 하며 놀라기도 하고, 누군가와 갈등을 겪을 때 '내가 이렇게 분노가 많은 사람이었나?' 하고 깨닫게 되기도 한다. '그' 사람을 만나지 않았다면 몰랐을 내 모습이다.

불교 철학의 가르침이 너무 멀게 들린다면 이렇게 해 보자. 열등감을 소화시키고 싶을 땐 타인을 거울삼아 나를 이해하는 기회로 만들어 보는 것이다. 타인은 언제나 나의 거울이 되어 준다. 누군가로부터 느껴지는 강렬한 감정, 특히 불편한 감정은 나를 깊이 있게 이해할 수 있는 통로다.

이메일로 고민을 전한 독자에게도 그 감정을 활용해서 자신의 마음을 탐색해 볼 것을 권했다. 그 감정이 자신의 어떤 부분을 건드리는지, 그 아래에 있는 생각과 감정을 더 살펴보라고. 그리고 한 달쯤 지나 도착한 답장에 이런 내용이 쓰여 있었다. 단순히 열등감으로 여겼던 감정을 이해하려고 들여다보니, 그와 관련한 두 가지 생각을 알아차렸다고 했다. 첫 번째는 친구의 화목한 가족을 사진으로 보면서 '나는 저런 가정에서 자라지 않았기 때문에 저 친구만큼 행복해질 수 없을 거야'라는 생각과, '나도 저렇게 살아야 하는 건 아닐까? 정말 행복해지고 싶다면 비혼으로 살면 안 되는 거 아닐까?' 하는 자신의 선택에 대한 불안이었다. 두 가지 모두 두려움에서 기인한 생각이었다.

그제서야 나도 그녀의 불편감이 구체적으로 와닿았다. 친구의 사진을 볼 때마다 그런 생각들이 떠오른다면 당연히 불편했을 것이다. 마음에 있는 것을 인정하기 어려워, 저 모습은 가식일지 모른다는 생각에 이르렀겠구나 싶었다.

반가웠던 점은 친구가 아닌 자신을 헤아리는 일에 집중하다 보니, 불편한 감정이 덜어졌다는 고백이었다. 아마도 구체적으로 어떤 생각 때문에 괴로운지를 알았으니, 그 생각과 거리를 둘 수 있게 되었으리라 짐작된다. 마음에 떠오르는 불편한 생각을 사실로 받아들이지 않으려는 것이 분명해 보였다. 그 점이 무척 다행스러웠고 한편으로는 대견하기도 했다.

열등감이 내 소중한 에너지를 훔쳐 가지 않도록

시기와 질투는 두려움이나 결핍과 맞닿아 있어서, 나를 이해하고 돌보는 계기가 될 수도 있다. 하지만 이러한 방식은 열등감이 반복적이고 강렬하게 자신을 괴롭힐 때 권하는 것일 뿐, 요즘 시대의 열등감은 어떤 면에서는 가볍게 바라볼 필요도 있다.

예전과 다르게 오늘날은 스마트폰 하나로 남들이 사는 모습을 아주 많이, 그리고 자주 볼 수 있다. 그리고 그것은 건강한 환경이 아니다. 미디어가 부추기는 열등감은 휴대전화도 인터넷도 없는 아날로그 세상이었다면 경험하지 않았을 감정일지 모른다. 가벼운 마음으로 킬링타임을 하러 들어간 곳에서 감정이 소모되고 에너지가 낭비된다면 억울한 노릇이다. SNS나 숏폼 콘텐츠를 습관적으로 사용하면서 평온을 유지하겠다는 것은, 비바람 치는 날에 옷을 조금도 적시지 않겠다는 욕심과 같다. 불필요한 자극에 너무 흔들리지 않도록 사용을 의도적으로 제한하는 것도 좋은 방법이다.

마지막으로, 남보다 못 가진 것에 집중하면 열등감을 느끼지만, 내가 이미 가진 것에 집중하면 충만감을 느낀다. 또 알고 보면 모두가 엇비슷한 걱정과 후회를 안고 살아간다. 그러니 남에게 향하는 시선을 나에게로 돌려 중심을 잡고 잘 걸어가자. 이미 채워진 것들로도 충분한 삶이기에.

그럼에도 내가 타인에게
더 다정해지기로 결심한 이유

짧지 않은 인생에서 잘한 일을 고르라면 나는 결혼을 그중 하나로 꼽는다. 그렇지만 그런 이유만으로 다른 이들에게 결혼을 추천하기는 곤란하다. 그래서도 안 되거니와 매우 조심스러운 주제이기 때문이다. 생각해 보면 나 또한 결혼을 얼마나 어려워하고 고민했던가. 전혀 다른 가족 문화, 배우자 역할에 대한 부담감, 미래에 대한 불확실성 등으로 머릿속이 복잡했다. 그가 내 완벽한 짝인지도 확신할 수 없었다. 지금에야 그런 확신이 중요하지 않다는 걸 알지만, 누구나 큰 결심 앞에선 확실한 보장이 필요한 법이다.

결혼을 꺼리는 사람들이 점점 늘어난다고들 한다. 거기에는 경제적, 제도적 문제 등 복합적인 이유가 있을 것이다. 갈수록 팍팍해지는 세상에서 혼자도 버티기가 버거운데 구태여 책임감을 더 얹고 싶지 않을 것이다. 또 한편으론 피곤한 인간관계를 확장하지 않으려는 노력으로도 읽힌다. 가족을 이루면 나와 배우자, 나와 아이 등 새로운 관계들이 형성되고 이로부터 예상치 못한 어려움이 닥치는데, 이것이 큰 두려움으로 다가올 수 있다.

더군다나 부부는 가장 밀도가 높은 관계다. 기쁨을 나누는 긍정적인 경험뿐 아니라 실망, 상처, 배신, 미움 등 부정적인 경험도 강렬하게 찾아온다. 그러나 결혼을 하지 않으면 실망할 일도, 상처받을 일도, 미움을 주고받을 일도 사라진다. 그래서일까, 많은 사람이 결혼처럼 인간관계도 축소하곤 한다. 이는 부정적인 경험에 대한 가능성을 미리 차단하여 피로감을 최대한 낮추려는 노력일 테다.

무례한 사람이 싫지만, 내가 무례해지는 건 더 싫어

아이러니하게도 SNS에서의 관계망은 점점 확대되지만

현실의 인간관계는 오히려 축소되는 요즘, 왜 사람과 대면하는 일은 갈수록 어렵고 피곤해졌을까?

언제부턴가 SNS나 유튜브에 무례한 사람들의 이야기가 자주 올라온다. 지나치게 간섭하는 직장 상사, 아무 질문이나 마구 던지는 친척, 은근슬쩍 기분 나쁘게 말하는 친구 같은 사연을 접하다 보면 저런 사람은 만나고 싶지 않다는 생각이 절로 든다. 누구나 한 번쯤 무례한 태도에 기분이 상한 적이 있고, 경우에 따라 큰 상처가 된 경험도 있을 것이다. 그러면서 동시에 다른 종류의 불안감이 느껴지는데, 바로 내가 누군가에게 의도치 않게 불편함을 줄 수도 있다는 불안이다. 떠도는 무수한 이야기 속 이름 없는 가해자가 내가 될지도 모른다는 불안을 무의식중에 품는 것이다.

익명의 가해자가 되지 않기 위해 우리는 사람 앞에서 긴장하고 서로를 경계한다. 상처받기 싫은 마음은 상처 주기 싫은 마음과 다르지 않다. 서로에게 무례해지지 않으려, 의도치 않게 꼰대가 되지 않으려 조심하다 보면 눈을 맞추기보다는 피하고, 다가가기보다는 한 발짝 물러서는 데 익숙해진다. 그렇게 인간관계는 피곤한 일이 되었고, 우리는 점점 멀어졌다. 상처를 주지도 받지도 않는 가장 쉬운 방법이기 때문이다.

하지만 그것은 동시에 우리를 섬처럼 살아가게 하는 방법이기도 하다. 분명 안전감을 느끼긴 하지만 동시에 공허감이 들기도 한다. 행복을 주제로 한 연구들은 하나같이 인간관계가 행복의 중요한 요소라고 강조한다. 인간은 본질적으로 사회적 존재이기에 의미 있는 인간관계가 삶의 만족도를 크게 좌우할 수밖에 없다. 따라서 우리는 관계를 축소하고 거리를 두는 것만으로 만족할 수 없다. 더 나은 대안이 필요하다.

우리가 서로에게 정말로 바라는 것

정서적 교류가 끊긴 사이에서는 서로를 기능적으로만 소비한다. 타인을 사람으로서 대하기보다는 그가 맡은 역할과 책임만을 마주하며 피상적이고 도구적으로 대한다. 철학자 마르틴 부버는 그러한 관계를 '나-그것' 관계라고 불렀다. 서로를 정보 교환이나 필요 충족의 도구이자 어떤 목적을 위한 수단으로 여기는 관계다. 사장이 이익만을 위해 직원들의 복지를 무시할 때, 식당이나 편의점에서 직원과 손님이 서로 불친절하게 말을 주고받을 때, 그들 사이에는 '나-그것' 관계가 형성돼 있다고 할 수 있다.

이와 반대로 상대를 의미 있는 존재로 인식하고, 이해를 바탕으로 하는 관계는 '나-너' 관계다. '나-너' 관계는 상대를 독립된 주체로 인정하면서 존중한다. 타인을 나와 똑같은 욕구와 생각, 감정이 있는 존재로 보기 때문에 친절과 배려로 대할 수 있다.

이 두 관계의 차이를 살펴볼 수 있는 영화가 〈그린북〉이다. 이 영화에는 음악가 돈 셜리와 운전사 겸 보디가드로 고용된 토니가 주인공으로 등장한다. 상류 사회에 속한 최고의 피아니스트 셜리는 토니를 그저 자신의 전국 순회공연을 위해 고용된 사람으로 대하고, 반대로 돈이 필요했던 토니 역시 셜리를 그저 고용주로 바라보며 자신의 일을 수행한다. 단둘이 자동차라는 좁은 공간에 있으면서도 서로 거리를 두고 경계한다. 그야말로 '나-그것' 관계다.

그러던 둘의 관계가 서로의 다른 면들을 발견하면서 서서히 변화해 간다. 인정받는 피아니스트로서 대접만 받고 다닐 것 같았던 셜리가 흑인이라는 이유만으로 술집에서 주먹질을 당했을 때, 사우나에 갔다가 알몸으로 체포당하는 수치스러운 일을 겪었을 때, 토니는 그를 단지 고용주로서 돕는 것이 아닌, 한 인간으로서 그를 구하고 자기 일처럼 분노한다. 또한 셜리는 자신을 인간으로서 대하는 그에게 자연스럽게 마음을 열게 된다. 그 과정에서 다툼과 여러 감정이 오가지만 그것이 오히려 그들의 관계를 더욱 두텁게 만든다. 전국 순회공연이 모두 끝났을 때 두 사람은 더 이상 처음과 같은 관계가 아니다. 서로가 진정으로 행복하기를, 더 이상 외롭지 않기를 바라는 관계, 그야말로 '나-너' 관계가 된 것이다.

예의 바른 무관심보다 다정한 무례를 선택하기로 했다

이렇듯 우리는 상대의 앞모습이 아닌 뒷모습을 알아 갈 때, 각자가 지닌 능력이 아니라 인간이라면 누구나 가지는 취약한 부분을 알아 갈 때 자연스럽게 연결된다. 그 사람이 가진 이름이나 역할이 아니라 그 사람의 '진짜' 모습을 알게 되면 서로를 경계할 필요가 없어진다. 우리의 진짜 모습은 결코 차갑지 않다.

그런 의미에서 상처 주지 않고 무례해지지 않으려는 완벽주의적인 태도로 사람을 대하다 보면 서로를 이해하지도, 알아가지도 못하게 될까 봐 염려스럽다. 관계 속에서 어떤 재미나 의미도 찾지 못하고, 연결되지 못한 채 서로를 두려워하는 개인들만 남는 건 아닐까.

한 발짝만 다가가 관심을 가지면 서로가 얼마나 닮았는지, 또 얼마나 다른지를 알아 가는 재미가 생긴다. 그뿐만 아니라 때로는 서로에게 실수하고 시행착오를 견디면서 적절한 거리를 알아 간다. 때로는 어쩔 수 없이 어깨를 내주고, 때로는 마지못해 손을 잡아 주며 알게 된다. 내가 완벽할 수 없듯이, 타인도 완벽할 수 없다는 것을. 미움받는 것에 대한 두려움과 상처에 대한 예민함은 나만의 것이 아니다. 그런 약한 면을 누구나 가졌음을 알 때 오히려 마음이 놓인다. 완전무결해지려고 너무 애쓰지 않고도 사람들과 가까워질 수 있다는 사실에 안도하는 것이다.

그렇기에 나는 어쩌면 무례하다는 말을 듣게 될지라도, 사람에 대한 부담을 내려놓고 좀 더 다정해지는 쪽을 선택했다. 더 쉽게 상처를 받고 더 피곤해지는 길일지라도, 핵 개인의 시대에 어리석은 선택이라 하더라도 부족한 인간으로서 훨씬 더 안전한 방법이라 믿는다.

그러니 만약 사람에 대한 두려움 때문에 관계 맺기가 저어된다면, 마음을 너무 닫아 두지 말라고 얘기해 주고 싶다. 사람과의 좋은 경험이 쌓여야 마음을 열 수 있다. 보도블록 틈을 비집고 꽃이 자라나듯이, 창문 틈으로 강렬한 햇살이 비치듯이, 조심스레 열어 둔 작은 틈으로 관계에서 오는 진정한 행복이 쏟아져 들어올지 모른다.

05

12년의 결혼 생활과 7년의 육아에서 배운 사랑의 의미

"연애할 돈으로 자기 계발을 하는 게 더 낫죠."

"결혼, 육아에 나가는 비용으로 여행 많이 다니려고요."

얼마 전 친구가 회사 후배들에게 들었다는 말이다. 그중 한 명은 평일엔 달리기 클럽을, 주말엔 독서 모임을 부지런히 나가며 재테크도 똑똑하게 하고 있단다. 친구는 감탄하며 부러운 기색을 감추지 못했다. 워킹맘인 친구에게는 엄두도 못 낼 일상이니 얼마나 멋져 보였을까.

주변에서 비혼이나 아이 없는 삶을 선택한 사람들을 어렵지 않게 볼 수 있다. 세대를 거듭할수록 증가하는 추세이니 앞으로 더 보편화될 것이다. 고물가·저성장의 영향으로 가족을 꾸리기가 현실적으로 쉽지 않고, 윗세대와 다르게 결혼과 출산 모두 선택의 문제가 되어 결혼의 인기가 시들해진 건 자연스러워 보인다. 돈뿐 아니라 시간과 체력이라는 자원을 어마어마하게 빨아들이는 결혼과 육아를 택하느니, 차라리 그것을 나한테 투자하겠다는 판단이 합리적으로 보이기 마련이다.

반반 결혼? 엑셀 이혼?
결혼을 대하는 우리의 자세

동물들은 위협적인 상황이라고 판단되면 몸이 생존 모드로 전환되면서 생식을 한동안 미룬다고 한다. 조금 과장해서 표현하면 '으악, 내가 죽을지도 몰라' 하며 바짝 긴장해서 밥도 잘 안 넘어가고, 잠도 잘 오지 않는 상태이다. 온 힘을 다해 도망가거나 공격할 준비를 해야 하기에 그 외의 욕구들이 모두 자동으로 억제된다.

생물학적 관점에서 인간의 몸과 마음을 함께 바라본다면 지금 우리가 이 사회를 얼마나 불안한 환경으로 감지하고 있는지 짐작할 수 있다. 현실은 숨 가쁘고 앞날은 불확실한 이곳에서 우리는 자연스럽게 사람을 덜 만나고 삶의 반경을 좁힌다. 이 거친 환경 속에서 적어도 내 몸 하나만은 잘 지켜 내고 싶다는 마음이 앞서기 때문이다.

더군다나 요즘은 퍼스널 브랜딩이나 셀프 브랜딩이라는 용어가 보여 주듯, '나'를 하나의 상품으로 여기고 그 가치를 높이고자 노력하는 것이 일반적이다. 그도 그럴 것이 경쟁력이 떨어지는 개인은 그 어떤 조직에서도 지켜 주지 않기 때문이다. 자기 계발을 통해 부단히 나를 발전시켜야만 살아남을 수 있는 세상인 만큼, 개인적인 성취와 목표 달성이 주는 만족감 역시 매우 크다. 그런데 결혼과 육아는 한정된 자원을 타인과 나눠야 하는 선택이다. 결국 어떤 이들은 그 자원을 분산시키지 않기 위해 혼자만의 삶을 택하기도 한다.

그래서인지 연애와 결혼을 주제로 하는 상담 양상이 사뭇 달라졌다. 예전에는 "제가 정말 그 사람을 사랑하는 걸까요?"라는 질문처럼 사랑에서 오는 혼란스러운 감정을 알고 싶어서 물어오는 경우가 많았다면, 요즘은 조건을 두고 벌어지는 갈등 때문에 힘들다는 상담이 많다. 얼마 전에는 한 내담자로부터 애인과 헤어진 사연을 듣게 되었다. 애인이 '결혼할 때 필요한 것'이라는 엑셀 시트를 들이밀었는데, 거기에는 특정 동네의 몇 평짜리 아파트부터 호텔 결혼식장 리스트까지 나열돼 있었다고 한다. 결국 그는 이

별을 선택했지만, 그것이 꽤 좌절스러운 경험으로 남았다고 했다.

기혼자인 경우도 비슷하다. 결혼 초부터 수입과 지출을 따로 관리하고, 부모님께 드리는 용돈부터 각 집안 대소사에 소요되는 시간까지 반반으로 나누는 모습이 드물지 않다. 그러다 '반반'의 기준이 흔들릴 때 갈등을 겪는데, 그때 가장 많이 터져 나오는 불만이 '내가 더 손해를 보고 있다'는 주장이다. 혹여 이혼하게 되면 더욱 정확하게 나눠야 하니, 결혼 생활 동안 투여한 시간과 비용을 엑셀로 정리해 그것을 바탕으로 재산을 분배하는 '엑셀 이혼'도 흔하다고 한다.

결혼이라는 거래에서
사랑의 자리를 찾기

결혼이 한정된 자원을 둘러싼 '나'와 '너'의 전쟁터가 돼버린 듯하다. 그러나 결혼에서 최대한 손해 보지 않으려는 노력이 비단 오늘날만의 일일까? 역사를 통틀어 보면 결혼은 대체로 거래였다. 그 옛날 부족들은 결혼을 통해 동맹을 맺어 외부 침입으로부터 안전을 도모했고, 중세에는 귀족 가문이 세력을 확장하기 위해 전략적으로 결혼을 활용했다. 20세기에 들어서는 사랑하는 사람과 결혼하는 일이 보편화되었지만, 이 역시 한 겹 벗겨 보면 사회적, 경제적 수준이 엇비슷한 사람끼리 결혼하는 경우가 많다. 그러므로 이 시대에 자신의 경쟁력을 높이고 유지하기 위해 결혼 상대를 꼼꼼히 따지고, 나를 중심으로 결혼 생활을 영위하려는 것은 역사 속 오랜 결혼 문화와 다를 게 없어 보인다. 그나마 차이라면 개인의 선택으로 한 결혼이기에 더 쉽게 헤어질 수 있다는 것이다.

그럼에도 내가 이 글을 쓰는 이유는 그 어느 때보다 '나'가 중요해진 시대에, 결혼에서도 '나'가 먼저인 이 시대에, 여전히 존재하는 '사랑'의 자리를 찾아보고 싶어서다. 연애와 결혼, 그리고 육아를 하면서 타인과 강렬하게 관계를 맺어 본 사람은 알 것이다. 사랑은 나를 더 돋보이게 하는 일이 아님을, 오히려 나를 내려놓고 내가 알던 세계를 깨뜨려 다시 새롭게 세우는 일임을.

철학자 알랭 바디우는 사랑을 '타인을 있는 그대로 받아들이면서 나의 세계를 변화시키는 것'이라고 했다. 그러면서 나에게만 관심을 쏟게 하는 현대 사회가 그러한 사랑을 소비재로 변질시키고 있고, 거기에는 책임과 헌신이 빠져 있다고 분석한다. 또 철학자 한병철은 저서 《에로스의 종말》에서 현대 사회를 '성과 사회'라 보고, 그런 사회에서 사람들은 자신을 하나의 자본처럼 운영한다고 분석한다. 그래서 요즘 사랑은 '거래와 효율성만 남은 관계'라고 비판하며, 사랑은 손해를 감수하는 것이기에 결코 효율적일 수 없다고 말한다.

여기까지 들으면 사랑이 무섭고 피하고 싶어질지 모르겠다. 나 하나도 챙기기 버거운 삶에 손해와 헌신이라니 말이다. 그러나 알랭 바디우가 말한 것처럼 결혼 생활에서 배우자를 있는 그대로 받아들이지 않는다면 불만과 충돌을 피하긴 어렵다. 그런데 서로를 있는 그대로 포용하는 마음만 있다면 훨씬 수월해지고 즐거워진다. 그리고 '있는 그대로 받아들인다'는 것은 결국 '나를 내려놓는다'는 뜻이 아닐까 싶다. 내 욕구를 포기해야 한다는 뜻이 아니다. 서로 싸우고 화해하는 과정에서 상대를 조금씩 존중하게 되면, 나의 신념과 고집이 조금씩 희미해진다. 굳이 내 것을 고집하지 않아도, 나를 증명하지 않아도 괜찮아진다. 그것은 결코 쉽지 않은 일로, 오랜 결혼 생활은 나를 내려놓고 서로를 맞춰 가는 연습의 시간이 되기도 한다. 두 철학자가 말했듯 결혼에도 사랑이 존재한다면 바로 이런 모습이 아닐까.

그럼에도 사랑이 버거운 당신에게 해 주고 싶은 말

개인의 경쟁력이 중요해진 사회에서 나의 상품 가치를 높이는 삶을 산다면 결혼을 한다고 해도 사랑이 자리 잡기는 어려울 것 같다. 나를 가꾸고 반짝이게 하는 삶의 반대편에 사랑이 있다. 사랑은 나를 내세우기보다 오히려 내려놓는 과정에 가깝다.

나와 전혀 다른 삶을 살아온 파트너와 한배를 탄다는 것, 또 나아가 아무리 시간과 체력을 쏟아부어도 스스로 좋은 부모라고 느끼기 어려운 육아를 해내는 것. 평범한 어른에게는 모두 어려운 일이다. 철학자들처럼 깊이 고민하고 연구한 것은 아니지만, 결혼 생활 12년과 육아 7년의 체험이 내게 가져다준 작고 소중한 깨달음이다. 특히 아이를 낳은 후로는 개인적인 커리어나 꿈은 물론 작은 일상조차 계획대로 되는 일이 거의 없었다. 조그마한 생명체가 어느 정도 클 때까지는 아이가 내 삶의 중심이 될 수밖에 없었다. 서서히 내가 생각하는 자아에 균열이 생겼고, 어느 순간 놓아 버렸다. 그런데 그렇게 내려놓고 나니 전혀 다른 차원의 기쁨이 채워졌다. 마치 완전히 새로운 삶이 생겨난 것처럼. (물론, 늘 괴로움도 존재한다.) 내 꿈과 목표, 부와 성취를 통해서만 완성되는 줄 알았던 삶, 그보다 더 큰 삶이 있다는 걸 알게 되었다.

병원에 가는 것조차 쉽지 않은 해외에서 아이가 며칠 동안 고열에 시달리며 힘들어했던 날들이 있었다. 가까스로 회복한 아이가 잠들기 전 내 품으로 파고들 때, 그 고요함 속에서 설명하기 어려운, 뜨거운 기쁨이 밀려왔다. 일에 관해서라면 그날의 계획은 모두 어그러졌고, 나는 아무것도 해내지 못한 사람이었지만, 밤이 되자 무탈함에서 오는 평안이 찾아왔다. 함께 있다는 사실만으로도 가득 차오르는 충만함. 무언가를 잘 해냈기 때문이 아니라, 그저 존재하고 있다는 이유만으로 느껴지는 기쁨이었다.

오로지 나에게 집중하고 투자하는 삶이 '나'를 더 빛나게 하는 삶이라면, 사랑이 이끄는 결혼과 육아는 '나'를 희미하게 만드는 일이며 나의 경계가 허물어지는 삶이다. 내가 아닌 사랑하는 존재와 그 관계가 선명해지는 삶.

만약 사랑 앞에서 머뭇거리고 있다면, 그가 나를 행복하게 해 줄지 몰라 망설이고 있다면, 한번 다르게 생각해 보길 바란다. 사람이라는 존재는 복잡해서 그 속을 다 헤아릴 수 없고, 두 사람이 함께하는 삶 역시 계산이 서로 딱 맞아떨어지기 어렵다. 그리고 아무리 똑똑한 결정을 한다고 해도 사랑은 언제든 우리를 손해와 이득 너머의 세상으로 이끈다. 그 과정에서 당황스럽고 힘들지도 모른다. 그럼에도 불구하고 장담할 수 있는 것은 희생과 책임만이 있는 줄 알았던 그곳에 지금까지는 몰랐던 기쁨과 보람도 있다는 사실이다. 그것도 개인적인 성취만큼이나 크고 충만하게. 그러니 사랑이 당신을 찾아왔을 때 너무 고민하고 걱정하지 않기를 바란다. 그 또한 당신을 크게 성장시킬 동력이 될 수 있기에.

06

친구의 병이 알려 준
아주 단순한 삶의 진실

마음을 울렸던 네 컷 만화가 있다. 인스타그램에서 활동하는 이숨 작가2soom_toon가 그린 〈만남〉이라는 작품으로, 어른이 된 내가 어린 나를 만나 이야기 나누는 장면이 나온다. 지금의 내가 어린 나에게 말한다. "과학자는 되지 못했어. 아직 집도 없고. 열심히 살긴 했는데 생각대로 잘 안 되네. 실망시켜 미안해."

어린 나는 개의치 않고 천진한 얼굴로 묻는다. "자장면 자주 먹어?" "디즈니랜드 가 봤어?" "혹시 집에 게임기도 있어?" 지금의 나는 모두 그렇다고 대답한다. 아이는 흥분해서 방방 뛰며 "완전 부럽다! 진짜 멋있어!"라고 외친다.

어린 나의 눈에 지금의 나는 이미 충분히 멋진 어른이다.

나는 어떨까. 유치원 선생님께 인사하는 것조차 무척 어려워했던 겁 많고 소심한 일곱 살의 나는 지금의 나를 마냥 대단하다고 생각할 것 같다. "와, 인사를 먼저 한다고? 무지 씩씩하다. 요리도 해? 운전도 한다고? 진짜 멋있다!" 정작 어른인 나는 여전히 인간관계가 어렵고, 가진 것도, 이룬 것도 마땅치 않아 불안하지만 말이다.

키도 작고, 한글도 모르고, 시계도 볼 줄 모르던 아이는 자라서 어른이 된다. 그리고 최소한 자기 앞가림 정도는 하는 사람으로 성장한다. 하지만 현실에 만족하는 어른은 드물다. 어린 날의 자신과 비교하는 사람은 좀처럼 없기 때문이다. 이제 비교 대상은 바깥세상과 다른 사람들이다. 더 능력 있고 부유하며 멋진 타인 앞에서 우리는 늘 부족함을 느낀다. 어른이란 이렇게 가진 것보다 가지지 못한 것을 바라보는, 더 해내야 하고 더 채워야 하는 존재인 듯하다.

수익을 낸 투자자가 늘 만족할 수 없는 이유

38년 넘게 진료를 이어 온 정신건강의학과 채정호 교수는 한 인터뷰에서 최근 들어 환자가 폭증한 느낌이라며 이렇게 말했다.

"(…) 젊은 친구들의 고통이 너무 크다는 겁니다. 총체적입니다. 잘해 온 친구들은 완벽주의 때문에 힘들어해요. 항상 부족하다고 느끼고 더 잘해야 하고, 더 달려야 할 것 같은데 힘이 소진됐다는 겁니다. 그러다 '내가 왜 이렇게까지 해야 하나' 공허함을 느끼게 되고요. 반대로 이루지 못한 친구들은 이러다 굶어 죽는 것 아닌가 하는 불안에 시달리고요. 전체적으로 한국 사회는 브레이크 없이 액셀만 있는 자동차로 폭주하는 운전자들이 많다는 느낌입니다."

상담사로서 나도 비슷한 느낌을 받는다. 최선을 다하다가 번아웃에 이를 지경인데도 여전히 부족하다고 자책하고, 다른 사람에 비하면 턱없이 부족하다고 말하는 사람이 너무 많다. 얼마 전에는 주식 투자를 열심히 하는 내담자와 상담을 했다. 당시 주식 시장이 호황이라는 뉴스가 많아서, 나는 기분이 좋으시겠다고 지나가는 인사를 건넸다. 그러나 그는 자신도 수익이 높은 편이긴 하나, 다른 종목에 넣었다면 더 많이 벌었을 텐데 그 기회를 놓쳐서 기분이 별로 좋지 않다고 했다. 언제나 나보다 더 많이 벌고, 더 많이 성취한 사람이 있으니 만족스러워할 틈이 없는 것이다.

어른인 우리는 언제쯤 만족할 수 있을까. 우리가 속도를 높여 남보다 빠르게 도착하려는 곳은 과연 어디일까? 그리고 거기에 가면 만족할 수 있을까?

트리나 폴러스가 지은 동화책 《꽃들에게 희망을》에는 수많은 애벌레가 기어오르려고 애쓰는 거대한 기둥이 나온다. 구름에 가려져 있어서 기둥의 끝에는 무엇이 있는지 알 수 없다. 어느 날 그 기둥을 발견한 호랑 애벌레는 모두가 기를 쓰고 오르는 모습을 보며 덩달아 오르고 싶은 욕구가 솟구친다.

"먼 꼭대기에는 무엇이 있을까?"

"그건 아무도 모를 거야. 하지만 바쁘게 가는 것을 보면 틀림없이 좋은 것이 있을 거야. 나도 빨리 가 봐야겠어."

기둥에 올라서기 위해서는 다른 애벌레들을 밟고 올라가야 했고, 밀리고 채이고 밟히기를 반복했다. 그리고 기둥에서 만난 소중한 친구인 노랑 애벌레와도 작별했다. 하지만 정작 기둥 끝에 도착했을 때 거기에는 아무것도 없음을 알고 충격을 받는다. 이 이야기에 나오는 애벌레처럼 우리도 목적지를 모른 채 남들이 달린다는 이유만으로 무작정 속도를 높이고 있는 건 아닌지 걱정이 된다.

무엇이 중요한지,
왜 그걸 원하는지 아는 사람

왜 그런지도 모른 채 남들이 달리기 때문에 속도를 내며 산 것은 나도 마찬가지다. 더 가지고 싶고 더 이루고 싶어서 종종대는 마음으로 살았다. 하지만 운이 좋게도 내게는 맹목적인 달음박질의 속도를 낮춰 준 소중한 친구가 있었다.

대학 시절에 만난 그녀는 마음이 아주 잘 맞는 두 살 어린 친구다. 직장도 같이 다니고 한때 함께 자취하기도 하면서 가족만큼 가까운 사이가 되었다. 그런데 그녀는 20대 중반의 어린 나이에 암 선고를 받고 큰 수술을 두 번이나 해야 했다. 힘든 항암 치료, 기나긴 회복 기간, 느리게 자라던 머리카락. 주기적인 검사를 위해 약한 몸을 이끌고 멀리 있는 병원에 가는 모습을 볼 때마다 단순한 걱정 이상의 감정이 들었다. 내가 일을 잘하고 싶어서, 돈을 많이 벌고 싶어서 욕심을 부릴 때마다 그녀는 가까이서 온몸으로 말해 주는 듯했다. 우리에게 주어진 목숨이, 이미 갖고 있는 건강이 제일 소중하다고. 그녀는 실제로 내가 무리할 때마다 말했다.

"언니. 건강한 걸로 충분해. 우리 너무 힘들게 아등바등 살지 말자, 응?"

그 뻔한 말이 허겁지겁 달리던 나를 멈춰 세웠다. 당연한 걸 잃고 나면 그것이 얼마나 소중했는지를 알게 된다. 그래서 갑작스러운 사고로 가까운 사람을 잃거나 큰 병으로 일상을 빼앗겨 본 사람들은 삶의 전환점을 맞곤 한다. 더 많은 걸 바라기보다 정말 중요한 것을 지키는 삶으로 방향을 돌리는 것이다.

하지만 이렇게 삶의 방향을 돌리기란 쉽지 않다. 그렇기에 죽음이라는 '빅 이벤트'가 필요한 이유다. 하지만 그런 극단적인 계기가 아니더라도, '더, 더, 더'를 외치는 현대인이 삶의 속도를 낮추려면 어떤 방법이 좀 더 현실적일까? "나는 왜 그것을 바라는가?"라는 질문을 던지는 것부터 시작해야 한다.

투자자이자 칼럼니스트 모건 하우절은 저서《돈의 심리학》에서 투자자들에게 왜 돈을 벌고 싶은지, 왜 부자가 되려 하는지 그 이유를 생각해 보라고 권한다. 그 이유를 모르면 불안한 마음에 무리한 투자를 해 전 재산을 잃기도 하기 때문이다. 그는 자신이 아는 부자들은 대부분 그 이유가 명확했다면서 버크셔 해서웨이의 부회장이었던 찰리 멍거를 한 예로 든다. 찰리 멍거는 이렇게 말했다. "나는 처음부터 부자가 되려고 했던 것은 아니다. 그저 독립성을 갖고 싶었다."

멍거에게 돈은 그 자체로 목적이 아니었다. 원하는 일을, 원하는 때에, 원하는 만큼만, 원하는 사람과 할 수 있으려면 돈이 필요했다. 그래서 돈을 흥청망청 쓰지 않았고, 장기 투자의 결실을 기다릴 줄 알았다. 이처럼 돈이건, 명예건, 성공이건, 왜 원하는지 이유를 명확히 알면, 그것에 매몰되지 않는다. 무작정 남들을 따라가지 않게 되고, 남들보다 빨리 가겠다고 쓸데없이 속도를 높이지 않게 된다. 목표가 분명하기에, 욕망의 대상을 철저히 수단으로 삼아 컨트롤할 수 있는 힘이 생긴다.

부족만큼 충분도 아는 균형 잡힌 어른 되기

욕망의 시대를 살아가는 현대인 중 한 사람으로서 나도 매일 '더, 더, 더'를 외치는 마음과 씨름한다. 그럴 때마다 자꾸 스스로 되묻는다. '이걸 꼭 가져야 할까?' '이 일을 완벽하게 해내야만 안심할 수 있을까?' '이걸 위해 내 시간과 돈을 바치면 허무하지 않을까?'

이때 주의할 점은 욕망을 억누르지 말아야 한다는 것이다. 내면의 욕망을 모른 척하거나 억누르면 오히려 반동으로 인해서 역효과가 난다. 만 원을 아끼려다 10만 원이 홀랑 사라져 버리는 것이다. 그저 마음에서 요동치는 욕망을 알아차리자. 욕심도 습관이라서 반복해서 알아차리다 보면 욕망이 올라오는 지점을 알게 된다. 그리고 있는 그대로 인정하자. 그러면 다루기가 훨씬 수월해진다. 마치 장난감을 사 달라고 조르는 아이를 달래듯 "그래, 이거 너무 멋지지. 그런데 이게 꼭 있어야 할까?" 하면 그 욕망과 거리를 둘 수 있다. 이런 훈련을 통해 나는 내가 일 욕심이 많다는 사실을 알게 되었다. 그래서 지금은 할 수 있을 것 같은 일의 70퍼센트만 받아들이려고 한다. 다 해낼 수 있을 것 같아도 '아, 맞아. 나는 늘 밀어붙이는 경향이 있지' 하며 일정을 조절하고 솔깃한 제안을 용기 내 거절한다.

그럼에도 욕심에 휘둘려 막 달려가는 것 같은 날엔 이렇게 묻는다. '내가 2주 뒤에 죽는다면?' 끝이 없을 것 같은 날들을 손으로 셀 수 있을 정도로 줄이고 나면, 정말 중요한 것이 보인다. 삶을 단순화시켜 준다. 불필요한 것을 덜고 몇 가지에 집중하는 마음을 가지게 된다. 친구를 통해 죽음이 저 먼 곳에 있지 않다는 걸 깨달았다. 그렇기에 내게 주어진 시간을 충분히 잘 살아 내고 싶을 뿐이다.

언젠가 예능 프로그램 〈유 퀴즈 온 더 블럭〉에서 유재석 MC가 한 어린이에게 물었다. "신이 주은 어린이를 만들 때

뭘 안 넣은 것 같아요?" 어린아이는 잠시 생각하더니 또박또박 대답했다. "신께서는 저한테 남김없이 전부 다 넣어주신 것 같아요." 그 말에 마음이 진동했다. 아마도 '더, 더, 더'를 외치는 어른들의 입에서는 결코 나올 수 없는 답이기 때문일 것이다.

끝을 알 수 없는 애벌레 기둥을 오르며 조급해하기보다, 지금 나에게 중요한 것이 무엇인지, 내가 왜 그것을 필요로 하는지 돌아볼 수 있었으면 좋겠다. 그럴 때 우리도 지금의 충분함을 온전히 느낄 수 있을 것이다.

07

인생의 크고 작은 트라우마에 얽매이지 않는 법

"제가 사랑을 못 받아서 그런지…."

내담자 K 씨가 상담을 하면서 가장 많이 반복한 말이었다. 그런 이유로 현재의 삶이 얼마나 괴로운지를 그는 구체적으로 설명했다. "사랑을 못 받아서"라는 말이 나올 때마다 내 마음이 어딘가에 턱 걸리는 기분이었다. 얼마나 사랑이 간절했는지, 사랑받지 못했다는 사실이 현재의 자신을 얼마나 아프게 하는지 그대로 느껴지는 듯했다.

초등학교 3학년 무렵 엄마는 두 번이나 집을 나갔고, 그는 엄마를 기다리던 밤들이 너무 무서웠다고 했다. 혼자 방에 누워 이불 끝을 꽉 쥐고 견뎠던 그 밤들이 쌓이면서

'사랑받지 못한 존재'를 넘어 '버림받은 존재' 또는 '사랑받을 가치가 없는 존재'가 되어 갔다.

경험하지 못한 사람은 감히 상상조차 할 수 있을까? 그 작은 아이가 겪어야 했던 외로움과 두려움을, 아직 엄마가 필요한 시기에 매일 마주했을 텅 빈 자리를. 아이는 그 시간을 견디며 성인이 되었다. 그러나 사회생활을 하며 일, 인간관계, 연애에서 어려움을 겪을 때마다 '아, 내가 사랑받지 못해서 그렇구나'라고 생각했다. 누군가와 가까워지는 것이 두려웠고, 멀어지는 건 더욱 견디기 힘들었다. 사랑받고 자란 주변 친구들이 부러웠다.

K 씨는 상처를 극복해 보려고 많은 노력을 했고, 더는 아프고 싶지 않아 상담을 요청했다. 그것이 바로 그가 가진 내면의 강인함이었다. 과거의 무게를 견디면서도 이제는 더 아프고 싶지 않다는, 더 가벼워지고 싶다는 욕구를 따랐던 것이다. 더 나은 삶이 있을 거란 믿음이 없이는 도움을 요청하기 어렵다. 그리고 믿음이나 희망을 품을 수 있다는 것만으로도 충분히 강한 사람이다.

어른이 된 우리는 K 씨처럼 저마다의 과거를 짊어지고 살아간다. 그 과거는 행복으로 나아가는 발판이 되기도 하고, 반대로 행복해지려는 우리의 발목을 붙잡기도 한다. 모두가 사랑을 충분히 받으며 결핍 없이 순탄하게 자랐더라면 얼마나 좋을까. 하지만 어른의 가면을 한두 겹만 벗겨 내면 각자가 지닌 상처가 드러난다. 그리고 그 상처를 트라우마라 부르기도 한다.

트라우마라 하면 재난, 학대, 폭력과 같은 극단적인 사건을 떠올리기 쉽지만, 트라우마의 범주는 상당히 넓다. 큰 사고나 재해와 같은 사건을 '빅 트라우마'로 본다면, 상대적으로 작은 사고라도 반복되거나 누적될 경우 심리적, 정서적으로 큰 영향을 미치는 '스몰 트라우마'도 있다. 학창 시절의 괴롭힘이나 따돌림, 부모의 지속적인 갈등, 자존감을 떨어트리는 다양한 경험들이 이에 포함된다. 그런 점에서 사람들 대부분이 트라우마에서 자유롭지 못하다.

미국의 정신건강의학과 의사 마크 엡스타인은 트라우마가 모든 인간이 겪을 수 있는 일이며, 나아가 인간의 본질이라고 표현하기까지 했다.

트라우마는 인간 존재의 불가피한 부분이고, 인간과는 결코 분리될 수 없는 요소다. 트라우마는 다양한 형태를 띠고 나타나지만 아무도 예외일 수 없다.

- 마크 엡스타인, 《트라우마 사용설명서》 중에서

그런데 트라우마를 삶의 불가피한 부분으로 받아들이면

오히려 긍정적으로 기능할 수 있다는 것이 그의 주장이다. 고통 혹은 상처를 마주하고 통과하면 마음의 지평이 넓어진다는 것이다. 어떻게 그럴 수 있을까? 우리는 보통 지울 수 없는 상처, 계속해서 자신을 괴롭히는 사건으로부터 끊임없이 부정적인 영향을 받는 것처럼 보인다. 마음이 쉽게 위축되고 두려워질 때면, 평범한 일상을 살아갈 수 없을 것만 같은 기분에 빠지기도 한다.

과거의 상처가 현재의 나를 지배하게 되는 과정

그럼에도 과거는 명백히 지나간 일이다. 지나간 것은 사라진다. 단지 그 일을 경험한 당사자의 기억에만 남아 있다. 그 또한 있는 그대로의 사실이라기보다 각색을 거쳐 남는다. 그 사건을 경험한 과거의 나는 이미 존재하지 않는다. 현재의 나는 과거에 그 사건을 경험한 나와 다르다. 우리는 매 순간 새로 태어나기 때문이다.

과장된 얘기가 아니다. 실제로 우리 몸속의 세포는 계속해서 재생되고 교체된다. 혈액세포는 몇 달마다 새로운 세포로 대체되며, 뇌의 특정 부위에서는 새로운 신경세포가 생성된다. 심지어 뼈조차도 계속해서 재형성된다고 한다. 단지 우리의 생각만이 우리를 과거와 연결 지어 인식한다. 만약 생물학적으로 매 순간 새로워지는 것처럼 우리 자신을 매 순간 새롭다고 인식할 수 있다면 어떨까.

어린아이만 해도 어제의 괴로움을 오늘까지 가져오지 않는다. 어제 형에게 빼앗긴 장난감이 오늘의 내 결핍이 되지 않는다. 하지만 어른의 경우, 복잡한 생각 속에서 어제의 나와 오늘의 나를 강하게 연결 짓고, 그로 인해 과거의 상처가 현재를 지배하도록 허용한다. 그렇게 되는 데에는 자아에 대한 감각이 큰 몫을 한다. 우리는 어떤 식으로든 자신에 대해 '이러이러한 사람이다'라고 규정하기 마련이다. 내가 나를 어떻게 이해하고 있는가가 바로 '자아감'이다. 과거의 상처가 자아감에 깊이 각인되면 그것은 현재의 나에게 계속해서 영향을 미친다. 그러나 문제는 부정적인 자아감이 새롭고 긍정적인 경험을 받아들이는 것을 방해한다는 점이다.

K 씨의 경우, 자기 자신을 '사랑받지 못한 존재'에서 더 나아가 '사랑받을 가치가 없는 존재'로 인식하게 되었다. 이러한 자아감 때문에 K 씨는 충분히 사랑과 친밀감을 느낄 수 있는 상황에서도 무의식중에 그런 경험을 거부하곤 했다. 순수한 호감으로 다가오는 사람을 의심한다거나, 이

별을 미리 두려워하면서 애초에 마음을 열지 않는 방식으로 반응했던 것이다. 그럴수록 타인과 정서적으로 깊이 교류하며 연결감을 느낄 기회가 줄어드니, 계속해서 '이것 봐, 난 역시 사랑받을 가치가 없는 존재야'라는 부정적인 자아감만 쌓이게 된다.

어제는 끝났고 내일은 멀었지만, 오늘은 아직 모른다

물론 과거의 상처가 없던 일이 되지는 않는다. 내 안에는 여전히 '트라우마를 경험한 과거의 나'가 존재한다. 내담자로부터 원치 않게 기억이 떠오르는 바람에 트라우마 사건을 다시 경험하는 듯했다는 고백을 자주 듣는다. 그럼에도 '과거의 나'와 '현재의 나'는 확연히 다르다. 어린 날의 K 씨는 고작 열 살이었다. 그때 그 아이는 밤마다 두려움에 떨며 엄마를 기다리는 것 외엔 달리 할 수 있는 일이 없었다. 하지만 어른이 된 K 씨는 어떤가. 누구보다 자신이 얼마나 아픈지를 잘 알고 있고, 그것을 극복하기 위해 여러 노력을 했다. 조금이라도 자유로워지기 위해 고민하며 심리서를 찾아 읽고 상담을 요청했다. 이미 그는 과거와 현재의 자신이 다르다고 확고히 믿고 있는 셈이다. 스스로가 열 살의 그 밤처럼 무서워서 울기만 하지 않을 거라고 믿고 있다. 지금의 그는 자기 자신을 돌볼 수 있다. 그리고 이 모든 것은 자신이 평안하기를, 더 이상 아프지 않기를 바라는 마음에서 나온다.

현재의 나는 트라우마를 경험한 과거의 나를 품을 수 있는 힘이 있다. '사랑받지 못해 결핍투성이인 나'가 아니라, '아픔을 경험했지만 그 상처를 회복하고 돌보며 살아가는 나'이다. 어린 날의 나보다 훨씬 큰 존재가 되어 내 안의 아픈 아이를 안아 줄 수 있다면, 그리고 그런 자신을 믿어 줄 수 있다면 많은 것이 달라진다. 마크 엡스타인의 말처럼 누구나 트라우마를 겪으며 살아간다면, 그 트라우마를 어떻게 바라보고 돌보느냐에 따라 어른들의 삶이 달라지는 게 아닐까. 여전히 상처받은 어린아이에 머물러 있는 어른들도 있지만, 많은 사람들이 상처받은 아이를 품으며 더욱 성숙해진다.

그러니 과거의 상처가 현재를 지배하도록 허용하지 말라. 아파했던 어제의 나를 놓아주고, 매일 새로워지는 나를 기꺼이 받아들이자. 그리고 과거의 상처에 발목 잡혀 살아가는 대신 상처받은 나를 따뜻하게 품어 주기를 선택하자. 그렇게 매 순간 새롭게 살아갈 수 있기를 바란다.

Chapter 5

심리학이
알려 주는
괜찮은
어른의 태도

기분과
약간의 거리를 둔다

얼마 전 친한 후배가 곧 결혼한다고 연락을 해 왔다. 결혼 생각이 없었던 그녀가 전한 의외의 소식에 반가운 마음이 먼저 들었다. 예비 신랑이 너랑 정말 잘 맞는가 보다 하고 물으니 이렇게 답했다. "언니도 알다시피 내가 좀 예민하고 업 다운이 심하잖아. 이 친구는 무던해서 나를 잘 받아 줘. 그게 결혼을 결심한 가장 큰 이유인 것 같아." 돌이켜보면 그 후배는 감정 기복이 심한 것을 문제 삼으며 고민을 토로했다. 들쭉날쭉한 감정 때문에 직장에서도 인간관계에서도 어려움을 종종 겪었다. 그 과정에서 쉽게 예민해지거나 우울해지는 기분 변화를 자신조차도 감당하기 어려워했다. 스스로도 받아 주기 힘든 부분을 포용해 주는 사람이라면 평생을 함께하고 싶은 마음이 들 만하다.

우리는 어째서 감정 기복이 심한 자신을 받아 주기가 어려운 걸까? 기분이 자주 들쭉날쭉한 건 단점일까? 아마도 단점이라 생각한다면 기분 관리를 제대로 못 해 손해 본 기억이 있어서일 테다. 시험을 앞두고 불안해서 집중을 못 하고, 열심히 달려가야 하는 시점에 우울과 무기력에 발목이 잡히고, 치밀어 오르는 화가 얼굴에 드러나는 바람에 분위기를 냉각시킨 경험을 누구나 해 봤을 것이다. 그러고 나면 이 기분이란 녀석이 마음에 안 들고, 그에 휘둘리는 나는 더더욱 못마땅해진다.

감정 기복이 심한 사람이 알아야 할 것

우리는 대체로 우울, 불안, 분노 같은 감정을 느껴선 안 된다고 생각하는 경향이 있다. 흔히들 감정을 긍정적인 것과 부정적인 것으로 분류하고, 기쁨, 즐거움, 행복감은 긍정적인 감정에, 우울, 불안, 분노, 짜증은 부정적인 감정에 집어넣는다. 그리고 부정적인 감정을 느낄 때마다 그 상황에 대해 '이건 뭔가 잘못됐어'라고 생각한다. 나아가 그런 감정을 자주 느끼는 자신을 뭔가 잘못된 사람으로 여기기도 한다. 그렇게 되면 후배의 경우처럼 우울감이나 불안이 느껴질 때마다 자신을 문제 삼으며, 특별히 잘못한 것이 없어도 스스로를 못난 사람으로 만든다.

하지만 감정은 잘못이 없다. 특정 감정이 주로 올라오고, 그 변화가 극심하다고 해도 그걸 경험하는 '나'는 더더욱 잘못이 없다. 이렇게 이해해 보자. 감정은 날씨와 같다. 이때 날씨의 특징을 정리해 보자면 이렇다.

첫째, 어떤 날씨든 자연스러운 현상이다.

둘째, 날씨는 계속 변화한다.

셋째, 날씨는 내가 통제할 수 없다.

이 세 가지는 어렵지 않게 납득할 수 있다. 이제 주어를 감정으로 바꾸기만 하면 된다.

첫째, 어떤 감정이든 자연스러운 현상이다.

둘째, 감정은 계속 변화한다.

셋째, 감정은 내가 통제할 수 없다.

이것이 우리가 감정에 대해 이해해야 할 전부라고 할 수 있다.

첫째, 감정은 그야말로 자연스러운 현상이다. 외부 자극에 대한 신체의 즉각적인 반응이 바로 감정이기 때문이다. 바람이 불면 꽃이 흔들리는 것처럼, 어떤 자극이 오면 그에 따른 감정이 올라온다. 이별하면 슬픔이 올라오고 부당한 일을 당하면 화가 나는 식이다. 그럼에도 예상치 못한 감정이 올라오면 자책하는 사람들이 많다. 우울감을 느끼면 '난 왜 이 상황에서 우울해하고 있는 거야' 하고 좌절하는 것이다. 충분히 이해된다. 어른으로서 해내야 할 책임과 의무는 넘쳐 나는데 우울과 무기력에 빠져 아무것도 할 수 없다면 얼마나 답답하겠는가. 앞날이 캄캄하게 느껴질 것이다. 그리고 그런 생각은 더 깊은 우울감에 빠지게 한다. 악순환이다.

하지만 괜찮다. **두 번째 특징, 감정은 계속 변화하기 때문이다.** 똑같은 날씨가 24시간 365일 유지되는 법은 없듯이, 감정 또한 계속해서 변화한다. 아무리 비바람이 몰아쳐도 언젠가는 구름이 걷히고 햇살이 비친다. 다만, 그 감정을 충분히 허용해야 한다. 우리는 보통 원치 않는 감정을 느낄 때 그것을 억누르거나 회피하려고 하는데, 그런 방식이 감정을 더 오래 머무르게 한다. 화를 억지로 참다가 엉뚱한 곳에서 터진 경험이 있는가? 슬픔을 억누르다가 예상치 못한 상황에 눈물이 터진 적은? 감정은 에너지라서 숨기거나 모른 체한다고 사라지지 않는다. 오히려 구석으로 밀어 넣으면 점점 더 몸집을 부풀려 예상치 못한 행동으로 분출된다. 하지만 충분히 자신의 존재감을 발휘하고 나면 이내 다른 감정이 찾아온다. 차오른 기쁨도 오래 유지되지 않듯이, 불안과 우울과 같이 제아무리 꼴 보기 싫은 감정이라도 결국엔 흘러간다. 우리가 할 수 있는 건 감정이 잘 흘러가도록 그에 저항하지 않고 있는 그대로 경험하는 것이다. 마음의 무대에서 충분히 춤을 춘 감정은 때가 되면 사라진다.

꼭 기억해야 할 **세 번째 특징, 감정은 내가 통제할 수 없다.** 시험이나 발표를 앞두고 불안감이 올라올 때 스위치 눌러 꺼버리고 싶은 마음이 든다. 혹은 화가 날 때 마음속에서 분노라는 녀석만 싹 제거하고 평온이라는 놈으로 교체해 버리고 싶다. 때로는 그런 식으로 보이기 위해 침착한 척, 씩씩한 척, 아무렇지 않은 척 연기를 펼치기도 한다. 하지만 나 자신까지 속일 수는 없다. 그러니 겉으로는 어떤 연기를 펼치더라도 내면에서는 올라오는 감정을 있는 그대로 경험하는 수밖에 없다. 감정을 통제할 수는 없지만 잘 지나가게 할 수는 있다. 아니, 우리가 할 수 있는 유일한 감정 조절은 잘 흘러가게 하는 것뿐이다. 그러기 위해서 감정을 좋은 것과 나쁜 것으로 나누지 말아야 한다. 그러는 순간 나쁜 감정을 기꺼이 받아들이려 하지 않을 것이기에.

이런 감정의 특징을 이해하면, 기분이 들쭉날쭉하더라도 자신을 미워하지 않게 된다. 감정 기복이 심하다는 건 어찌 보면 남들보다 더 섬세하고, 더 생생하게 살아간다는 뜻이기도 하다. 그러니 그 어떤 판단 없이 자신에게 찾아오는 모든 감정을 있는 그대로 충분히 바라보고 겪어 내면 그만이다. 물론 어떤 감정이 더 오래 더 깊게 머무는 날도 있겠지만, 결국엔 흘러가고 변화한다. 우울, 불안, 분노 등 우리가 멀리하고 싶은 감정이 실은 즐거움이나 평온함을 맞이하는 과정이기도 한 것이다. 억수 같은 비가 쏟아지고 난 뒤에 햇살이 더 반가운 것처럼, 슬픔 뒤에 오는 기쁨은 더 선명하다. 그러니 무엇이 찾아오든 당황하지 말고 반갑게 맞아 주면 된다. 매일매일 내면의 모든 기분을 날씨처럼 받아들이는 것, 그것이 결국 우리가 감정에 대해 할 수 있는 전부이다.

상황을 탓하며
나를 합리화하지 않는다

돌 즈음 된 조그만 아이가 뒤뚱거리며 넘어질 듯 걷는 모습은 언제나 시선을 사로잡는다. 짧고 통통한 다리로 아장아장 춤을 추듯 걷는다. 울기밖에 할 줄 모르던 아기는 혼자서 두 발로 서기까지 무수하게 주저앉고 넘어진다. 조카나 자녀를 가까이서 지켜본 이들은 알 것이다. 걷고, 숟가락질하고, 연필로 글씨를 쓰는 일상적인 일이 조그만 아이에게는 얼마나 어려운지를 말이다. 그런 점에서 어려서 우리는 모두 수십 수백 번 넘어져도 개의치 않던 도전의 전문가들이었다.

하지만 어른이 된 우리는 이제 서투르고 어설픈 모습을

견디기 힘들어한다. 어른이라는 이름에 갇혀 부족한 자신을 마주하기가 버겁고 두렵다. 그래서 생각만 하다가 시도하지 못한 일들이 참 많다.

물론 어렸을 때처럼 뭐든 해 보겠다고 쉽게 나설 수는 없다. 어른이 되면 기회비용이 생긴다. 하고 싶은 일에 도전함으로써 경력 공백, 시간적 경제적 손실, 신뢰의 손상 등을 감수해야 할지도 모른다. 그뿐만 아니라 20대 초반만 해도 뭣도 몰라 일단 저지르기가 비교적 쉬웠다면, 30대에 들어서면 대충 세상이 돌아가는 이치를 알게 된다. 해도 될 일과 해 봐야 소용없는 일이 눈에 보이니, 근거 없는 낙관이나 일단 해 보자는 마음이 잘 안 든다. 거기에 최선을 다했음에도 실패했던 과거의 경험은 시도하려는 마음을 한층 더 위축시킨다. 나이가 들어 또 다시 일이 풀리지 않는 경험을 마주한다는 건 상상만으로도 벅차다.

타인의 삶을 쉽게 엿볼 수 있는 요즘, 다른 이들의 매끄럽고 완성된 모습을 자주 접하다 보면 오해하기가 쉽다. 뭔가 시도하기만 하면 결과물이 뚝딱 나와야 하는 거라고. 화려한 SNS 세상에서 애쓰고 실패하고 그래도 끝까지 포기하지 않는 이들의 이야기는 잘 보이지 않는다. 그러다 보니 다른 사람의 노력을 경시하기 쉽다. 반짝반짝 빛나는 다른 이들을 보며 속으로 생각한다. '쟤는 돈이 많아서', '쟤는 사랑을 많이 받고 자라서', '쟤는 유전자가 좋아서' 잘된 거라고. 그런 오해가 우리를 더욱 위축되게 만들어 충분한 경험을 하는 것을 가로막는다.

경험한 만큼만
나에 대한 신뢰를 쌓을 수 있다

하지만 첫발에 정상을 오르고, 한걸음에 마라톤을 완주하는 사람이 있을까. 아르바이트를 시작하고, 외국어를 배우고, 수영이나 테니스를 배우고, 심지어 요리나 청소 같은 집안일을 할 때조차 얼마간은 서투르고 부족한 자신을 마주해야 한다. 그런 과정에서 시행착오를 겪으며 나를 알아 가고, 또 세상일에 대한 요령도 생긴다.

다양한 경험을 통해 몸소 알게 된 것들은 내 안에 새겨져 앞으로의 삶을 위한 재산이 된다. 인생을 후회 없이 살아가는 데 가장 필요한 것이 바로 나에 대한 믿음이다. 사회에 내던져져 어떻게든 잘 살아 보려고 고군분투하면서, 이게 맞는지 내가 잘하고 있는 건지 어떤 길로 가는 게 더 좋을지 여러 질문을 던지고 한 발 한 발 내디디면서, 우리는 우리 자신에 대해 더욱 잘 알게 된다. 무엇은 잘 견디고 무엇에 취약한지, 어떨 때 성취감이 크고 어떤 상황에서 특히 좌절하는지 등 나에 대한 레퍼런스가 차곡차곡 쌓인다. 따라서 경험이야말로 가장 훌륭한 스승이다.

인간 중심 치료를 개발한 칼 로저스는 인간의 경험을 중시한 대표적인 심리학자다. 그는 외부의 권위나 규범보다 개인의 경험을 더 신뢰하라고 강조했다. 사람들은 누구나 자신의 경험을 통해 배우고 성장할 수 있는 능력을 지녔기 때문이다. 인간이 본질적으로 자기실현을 추구하는 존재이기에, 잠재력을 발휘하고 성장하려는 과정에서 경험은 자신을 이해하고 발전시키는 중요한 역할을 한다고 보았다. 그가 말하는 경험은 단지 행동뿐만이 아니라 내면에서 일어나는 감정과 욕구들까지 포괄한다. 내 안에서 느껴지는 감정과 욕구 그리고 생각을 있는 그대로 받아들여 나에 대한 이해를 넓힐 때, 자아 존중감이 높아지고 심리적으로 안정된다.

우리는 경험하는 만큼 나를 이해할 수 있고, 나를 이해하는 만큼 신뢰할 수 있게 된다. 백 번 생각하고 오래 공부해도 단 한 번 직접 경험하는 것을 이길 수 없다. 생각은 나를 바꿔 놓지 못하지만, 경험은 내 삶을 바꿔 놓기도 한다. 수많은 다양한 경험이 나를 성장시켜 그 이전의 나로 돌아갈 수 없게 한다.

지금 시도하지 않으면
1년 후 반드시 후회하기에

나 역시 확신이 있어서 시작한 일은 거의 없다. 그럼에도 불구하고 브런치에 글을 올리고, 유튜브에 영상을 올리는 일을 각각 10년, 5년째 이어 오고 있다. 누가 시킨 것도 아니고, 이걸로 무엇이 될 거라는 보장도 없었다. 다만 나누고 싶은 이야기가 있었고, 할 수 있는 범위 안에서 조금씩 해 보고 싶었을 뿐이다. 잘나가는 다른 창작자들과 비교하면 보잘것없어 보일지라도, 나에게는 '가능한 상황에서 할 수 있는 만큼만' 해 왔다는 사실 자체가 중요했다.

그 과정에서 소소한 재미와 뿌듯함을 느꼈고, 때로는 자존감이 채워지는 느낌도 받았다. 온전히 내가 구상해서 완성한 콘텐츠가 누군가에게 닿는 경험은 생각보다 큰 힘이 되었다. 특히 내성적이고 사람들 앞에 나서는 일에 익숙지 않던 내가, 나만의 방식으로 세상과 연결되어 있다는 사실에 나 자신을 조금씩 신뢰하게 되었다. 결국 나를 앞으로 움직이게 한 것도, 나를 설득한 것도 거창한 확신이 아니라 그렇게 차곡차곡 쌓아 온 작은 경험이었다.

서툰 모습이 싫고, 그나마 가진 것마저 잃을까 두렵고, 해도 안 될 것 같아 위축될지 모르겠지만, 우리는 이때껏 그 모든 우려를 이기고 무엇이든 시도했기에 이 자리에 있다. 태어나서 지금까지 확신이 들어서 도전한 일이 얼마나 되는가? 아마 거의 없을 것이다. 그래도 우리는 그냥 했다. 완벽한 조건이 갖춰지길 기다리지 않고, 크게 욕심을 부리지도 않고, 할 수 있는 만큼 조금씩 해내며 이 자리까지 온 것이다.

뒤집어 생각하면, 지금 두려워서 아무것도 하지 않으면 1년 후엔 제자리인 자신을 발견하게 될 것이다. 발전이나 성장은커녕 무언가를 하기가 지금보다 훨씬 더 어려워질 것이다. 경험이 줄어들수록 자신에 대한 이해와 자신감도 함께 줄어들기 때문이다. 그러니 우리는 생각을 바꿔야 한다. 지금보다 무언가를 해 보기에 더 좋은 시기는 다시 오지 않는다.

작게라도 이것저것 해 본 사람과 늘 상황을 탓하며 자신을 합리화한 사람의 1년 후는 얼마나 다를까. 그리고 해도 괜찮은 이유보다 하면 안 되는 이유는 늘 열 배쯤 많다. 우리는 생존을 위해 진화한 조심성 많은 동물이니까. 그래서 나는 당신이 조심성을 잠시 내려놓고 "한번 해 보자"는 마음으로, 헛수고를 너무 걱정하지 말고 무엇이든 해 보길 바란다. 나이가 들어도 경험보다 좋은 스승은 없기에.

해야 하는 일보다 하고 싶은 일에 더 집중한다

깊은 우울로 상담을 요청한 E 씨는 자신을 '대치 키즈'였다고 소개했다. 순한 편이던 어린 시절 부모님이 원하는 대로 성실하게 공부했고, 부족함 없이 사교육을 받으며 원하는 고등학교와 대학교에 합격했다. 졸업 후에는 다들 부러워하는 회사에 들어가 근무하기를 5년. 우울이라는 녀석이 찾아와 천천히 그녀를 집어삼켰다. 어느 날 아침 출근 시간이 지났는데도 침대에서 꼼짝할 수 없었다. 무언가 심각하게 잘못되었다고 느꼈다.

"사는 게 다 숙제 같아요."

세 번째 상담에서 그녀는 토해 내듯이 말했다. 이내 이어진 거친 숨소리. 뭔가 턱 끝까지 차올라서 뱉어 내고 싶은 것 같았다.

중학교 땐 외고에 못 들어가면 큰일 나는 줄 알았고, 고등학교 땐 SKY 대학이 아니면 큰일 나는 줄 알았다. 그 두려움의 뿌리엔 부모님이 있었다. 특히 아버지는 늘 겁을 주는 방식으로 자신을 통제했다고 한다. 1등, 명문대, 인정받는 직장, 높은 연봉이 아니면 별 볼 일 없는 사람이 되는 것처럼 반복적으로 말했다. 불행인지 다행인지, 그녀는 도장 깨기를 하듯 부모님이 원하는 미션을 늘 성공적으로 완수했다. 그리고 이제 부모님이 능력 있고 스펙 좋은 사윗감을 원한다는 것을 그녀는 알고 있었다. 소개팅을 하거나 마음에 드는 사람이 생길 때마다 과연 아빠의 눈에 차는 사람일까 하고 걱정하는 자신을 발견했다. 내가 이 사람을 정말 좋아하는지는 중요하지도 않았고, 잘 알 수도 없었다. 아버지의 기준이 자신의 것과 혼재해 있어 무엇이 자기 것인지 구분하기가 어려웠기 때문이다. 그즈음 직장에서도 성과를 보여야 하는 일이 있었는데, 좀처럼 의욕이 나지 않았다. 뭔가 가로막힌 느낌이 엄습하면서 우울이 스멀스멀 감싸는 듯했다. 돌이켜보니 그저 부모님이 시킨 숙제를 하듯 삶을 살아온 것 같아서 혼란스러웠다. 이제 그 모든 숙제가 버거워지자 내면에서 의심이 들기 시작한 것이다.

"해야 한다" 인생 vs "그럴 수 있지" 인생

자신 안에 수많은 '해야 한다'가 자리하고 있다면, E 씨의 표현처럼 그것은 숙제와 같은 삶이 분명하다. 그런 삶의 배경에는 하나라도 어긋나면 큰일 날 것 같은 불안감이 깔려 있다. 안정된 직장을 다니고 있지만 외국어 공부도 해야 할 것 같고, 재테크도 잘해야 할 것 같다. 사람들에게 잘 보이기 위해 겉모습도 꾸며야 할 것 같고, 좋은 사람으로 비치기 위해 감정을 잘 통제하고 눈치도 예민하게 살펴야 할 것 같다. 도무지 대충 살 수가 없는 일상이다.

'해야 한다'의 반대편에 '그럴 수 있지'가 있다. 계획한 대로 흘러가지 않아도 "그래, 그럴 수 있지" 하며 유연하게 넘어간다. 그렇게 넘길 수 있는 사람은 무엇보다 본인이 덜 괴롭고 타인과도 충돌이 적다. 헐렁해 보일지언정 에너지가 소진되는 일은 없다.

인생 전반을 '해야 한다' 기조로 살아가는 이들을 만나면 저절로 나를 돌아보게 된다. 나 또한 '잘해야 한다', '실망시키면 안 된다'라고 되뇌면서 숙제 속에 살고 있다고 느낄 때가 많다. 그러나 뭐든 잘 해내는 것도, 모두를 실망시키지 않는 것도 불가능하다. 누구나 실수를 하면서 살고, 모두에게 친절할 수는 없는 노릇이다. 생각해 보면 세상에 반드시 그래야만 하는 것은 없다. 만사를 우리가 전부 통제할 수는 없으니까 말이다.

이렇게 우리가 맹목적으로 따르고 있는 당위적 사고를 '비합리적 신념'이라 한다. 심리학자 앨버트 엘리스는 비합리적 신념이 정서장애의 원인이 된다고 설명하는데, 대표적인 비합리적 신념은 아래와 같다.

- **중요한 타인 모두에게 사랑받고 인정받아야 한다.**
- **반드시 유능해야 하고 모든 일을 완벽하게 성취해야 가치 있는 사람이다.**
- **일이 뜻대로 되지 않는 것은 끔찍할 뿐 아니라 무서운 파멸이다.**
- **누구나 다른 사람에게 의지해야 하고, 그럴 만한 누군가가 반드시 있어야 한다.**
- **나는 항상 고통 없이 편안해야 한다.**

이런 불가능한 규칙을 따르면서 살려니 당연히 피곤할 수밖에 없다. 그런데 이 규칙들은 어렸을 때 가정이나 학교를 거치며 주입된 경우가 많다. E 씨가 학창 시절 아버지에게 많이 들었던 이야기는 "너의 명함이 너를 보여 준다"는 것이었다. 이름 있는 대학, 인정받는 직업을 갖고 있지 않다면 그건 곧 너의 무능과 무가치함을 보여 주는 증거라는 뜻이다. 그런 사고방식이 주입되면서 불안도 엄청나게 커졌다. 사실 그건 아버지 본인의 불안이었을 것이다. 본인이 생각하는 성공적인 인생을 자식에게 살게 해야 한다는 그 자신의 숙제였을 테다. 불안은 그 어떤 것보다 유전되기 쉬운 특성이다. 우리는 부모 내면의 두려움을 고스란히 상속받아 살곤 한다. 하지만 어른이 되면 스스로 판단할 수 있다. 내 것과 외부에서 주입된 것을 구별해 내야 한다. 내게 독이 되는 신념은 걸러 낼 필요가 있다. 그게 바로 어른이 되는 과정이자 '내'가 되는 과정이기도 하다.

니체가 말했다, 어린아이처럼 살라고

아기는 뭐든지 입에 집어넣는다. 해로운 것들까지 집어넣다가 탈이 나기도 하는데, 그러면서 먹어도 되는 것과 먹으면 안 되는 것을 알게 된다. 정신도 이와 같은 이치다. 주변 어른들과 사회가 주는 메시지를 마구 주입받으며, 나에게 해롭고 나를 힘들게 하는 것까지도 계속 따르려고 한다. 그런데 성인이 되어도 해로운 메시지를 구분해 내지 못하면 자신을 지키기는 어려울 것이다.

그렇기에 내 안의 목소리가 어디서 왔는지, 그것을 들을 필요가 있는지 검수하는 과정은 어른이 되려는 이에게는 꼭 필요하다. 이 과정이 명확하게 와닿지 않는다면 철학자 니체의 도움을 받아 보자. 니체가 궁극적으로 이르고자 했던 지점인 '위버멘쉬'는 '초인' 혹은 '극복하는 인간'으로 번역되며, 자신의 운명을 긍정하며 주체적으로 살아가는 존재를 뜻한다. 그리고 저서 《차라투스트라는 이렇게 말했다》에서 위버멘쉬에 이르는 정신의 3단계를 설명한다.

첫 번째 단계는 '낙타'에 비유된다. 주인의 짐을 싣고 사막을 걷는 낙타를 상상해 보라. 낙타는 주인에게 복종하는 노예의 삶을 살아간다. 끝없이 주어지는 숙제만 가까스로 해내는 우리 대부분의 삶과 비슷하다. 부모, 학교, 사회, 종교로부터 주입된 명령을 의심 없이 받아들이고 체념한 채 순응한다. 개인의 가치관은 크게 존재하지 않는다.

낙타의 다음 단계는 '사자'다. 사자는 익숙한 것, 주입된 것을 버리고 광야로 나아가는 존재다. 사자는 낙타가 등에 메고 있던 짐, 즉 기존의 가치를 과감히 벗어 던진다. 더 이상 주인의 짐을 싣고 가는 노예가 아니라 자유를 찾아가는 존재다. 그런데 여기서 끝이 아니다. 그다음 단계가 더 남았다.

사자는 '어린아이'로 나아가야 한다고 니체는 말한다. 기존의 가치를 거부하기만 하면 방황하게 된다. 거부해야만 존재할 수 있기에 역설적으로 기존의 가치에 의존하게 된다. 하지만 어린아이는 호기심을 가지고 매 순간 새로운 가치를 찾아낸다. 가장 연약한 듯 보이지만 실은 온전한 기쁨으로 살아가는 강한 존재다. 니체는 순진무구한 어린아이처럼 매 순간 충만한 가치를 찾으며 살아가야 한다고 말한다. 자기 안의 고유한 기쁨으로 살아가는 삶. 자신의 힘으로 삶을 끌고 나가는 존재를 의미한다.

낙타에서 사자로, 사자에서 어린아이로 변화하면서 비로소 자신의 결대로 살아가는 주인이 될 수 있다. 절대로 쉽지 않은 길이다. 니체가 말하고자 하는 바는 주입된 명령과 규칙 너머에 자유의 세계가 있다는 점, 부디 그것들을 잘 소화해 진짜 자기 모습을 찾으라는 게 아닐까. E 씨처럼 숙제만 해내느라 내가 진짜 누구인지, 어떤 즐거움으로 살아가는지 알 기회조차 없었다면 자기 자신에게 질문해 보자. 나는 누구의 목소리를 따라 살고 있는가.

인간관계를 잠시 쉬더라도
끈마저 놓지는 않는다

길거리에서 모르는 사람과 눈이 마주치면 습관적으로 미소를 짓는다. 폴란드에서 4년을 살면서 얻은 습관이다. 외국인이 거의 없는 작은 도시에 거주하면서, 이방인으로서 받게 되는 현지인의 시선이 두려웠다. 동양인 가족이 신기한지, 마트나 식당에서 우리 가족을 흘끔쳐다보는 사람이 많았다. 그때 나는 두려운 마음을 숨기고 본능적으로 미소 짓기를 선택한 것 같다. 마치 중세의 기사들이 '나는 싸울 의사가 없어요, 내 손에는 무기가 없어요'라는 뜻으로 악수하듯, 나 또한 미소를 지으며 '아직 낯설겠지만, 나는 당신들과 잘 지내고 싶어요'라는 뜻을 전하고 싶었다. 조금 더 솔직해지자면 '나는 이곳에서 안전하게 지내고 싶어요'라는 마음이었으리라. 그런 의도는 잘 받아들여져, 우리 가족은 그곳에 있는 동안 이웃들과 따뜻하게 교류하며 안전하게 지냈다.

생존 본능에서 나온 미소라니, 안타까워 보일지도 모르겠다. 그러나 미지의 타인은 기본적으로 우리를 긴장하게 만든다. 게다가 사람은 사람을 잔인하게 대하기도 한다. 꼭 총칼이 없어도, 말만으로도 벼랑 끝까지 사람을 몰고 가지 않은가. 몇 년 전, 힘들게 공부해서 명문대에 입학했지만 친구 관계가 어렵고 무서워서 휴학하고 집 밖으로 나가지 않는다는 대학생의 상담 요청을 메일로 받은 적이 있다. 중학교 시절에 경험한 극심한 따돌림이 원인이었다. 이와 같이 왕따, 악플, 비난, 모함은 그 자체로 생명을 위협하는 무기다.

사람에 대한 본능적인 두려움 외에도, 인간관계는 다른 사람의 속마음을 살펴야 하기에 에너지가 많이 든다. 예의에 걸맞게 행동하고 의도치 않게 상처 주지 않으려고, 우리는 기민하게 타인의 표정을 살핀다. 그런데 간혹 무례한 사람이나 무심한 사람을 만나면, 상처를 입으면서 사람에 너무 애쓰지 말자고 마음먹게 된다. 사람들이 인간관계를 '감정 노동'으로, 서로를 헤아리는 마음을 '관계 유지 비용'으로 표현하는 배경에는 이런 경험들이 깔려 있지 않을까 싶다.

그저 충전의 시간이 필요할 뿐이다

사람을 피하고, 만나더라도 적당한 거리를 유지하는 것이 편하다고 말하는 사람들이 많다. 막상 살아 보니 이렇게 사는 게 크게 나쁘지 않다는 것이다. 그럴 수 있겠다. 하지만 요즘 과학자와 의사 등 전문가들은 입을 모아 외로움을 비만처럼 정부가 관리하는 '질병'으로 다루라고 권고한다. 그만큼 관계의 단절은 인간의 본성에 어긋난다는 것이다.

우리는 애초에 함께해야만 잘 살아갈 수 있도록 설계되었다. 엄마를 포함한 주 양육자와 상호 작용하며 성장하고, 연결감 속에서 안정감을 느낀다. 이를 뒷받침하는 생물학적 요소 중 하나가 바로 옥시토신이다. 스킨십을 나누거나 정서적으로 교류할 때 분비되는 이 호르몬은 행복과 충만감을 느끼게 하여 자연스럽게 사람 간 신뢰와 애정을 단단하게 만든다. 아이를 낳은 직후에 엄마는 옥시토신의 폭탄 세례를 받는다. 아이를 안아 젖을 먹이며 행복감을 느끼는 엄마는 힘들어도 기꺼이 아기를 돌보게 된다. 아이 역시 옥시토신의 세례를 받으며 엄마에게 강한 애착을 느끼고, 이런 애착을 바탕으로 세상에 대한 신뢰를 형성한다. 건강한 애착 관계는 세상을 살아가는 기본적인 힘이다. 즉 인간은 관계를 떠나 생존할 수가 없는 것이다.

그런데 어른이 된 일상에서도 옥시토신은 분비된다. 악수나 포옹 같은 스킨십을 나눌 때, 눈을 마주 보고 대화를 나눌 때 옥시토신이 분비되는데, 그것은 일명 스트레스 호르몬인 코르티솔 수치를 낮춰 준다. 이처럼 사람을 위협할 수 있는 것도 사람이지만, 사람을 살릴 수 있는 존재도 사람이다.

그래서인지 미국 워싱턴 주립대학의 티머시 처치 교수의 연구에 따르면 인종, 나라, 문화와 관계 없이 외향적인 사람들이 내향적인 사람들보다 행복 지수가 높게 나타난다고 한다. 극 내향인으로서 다소 유쾌하지 않은 결과이지만 충분히 납득이 간다. 아무래도 외향적이고 활달할수록 타인과 교류가 잦을 테고, 그만큼 긍정적인 감정과 사회적 지원을 받을 기회도 많을 것이다. 외향적인 사람이라고 해서 타인에 대한 두려움이나 상처가 없었겠는가. 단지 사람과 계속 어울리면서 긍정적인 경험도 많이 하게 되고, 그것으로 부정적인 경험을 희석하며 사는 것이리라.

사람에게서 받은 스트레스는 엄청난 괴로움을 주지만, 우리는 그만큼 외로움도 견디기 힘들어하는 존재다. 그런데도 왜 이렇게 많은 사람이 함께해서 괴로워하느니 차라리 외로워지길 선택했을까? 이에 대해 심리학자 서은국 교수는 생물학자 최재천 교수와의 대담에서 이렇게 말한다. 호모 사피엔스는 혼자 밥 먹는 것보다 함께 모여 고기를 뜯으며 시시덕거리기를 더 좋아하는데, 요즘 사람들이 '혼밥'을 선호하는 것은 그것을 정말 좋아해서가 아니라 차라리 혼자 먹는 게 낫다고 느끼기 때문이라고 말이다. 진정으로 완전한 혼자가 되기를 원하는 사람은 극히 드물다. 대부분은 타인과 건강하게 연결되기를 바라지만 상처를 받아 멀어졌을 뿐이다. 그저 에너지를 충전하고 회복할 시간이 필요할 뿐, 결코 사람이 싫어서가 아니다.

언젠가 다시 누군가를 만나고 싶어진다면

타인이 가진 치유의 힘을 생각해 보게 한 뉴스가 있다. 2019년 당산역 플랫폼에서 난동을 부리는 취객을 경찰 두 명이 제지하던 중이었다. 경찰이 양쪽에서 붙잡는데도 취객은 매우 거칠게 행동했다. 지나던 승객들은 대부분 피하거나 무관심해 보였다. 그때 한 청년이 다가와 취객을 와락 끌어안았다. 그러고는 등을 토닥토닥 두드리며 진정시켰다. 거친 말을 내뱉으며 분노하던 취객은 점점 힘이 빠지더니 청년에게 안겨 갑자기 흐느끼기 시작했다. 무슨 힘든 일이 있었던 걸까. 그제서야 취객은 난동꾼이 아닌 삶에 지친 평범한 인간이 되었다. 위험할 수 있는 상황에서 주저하지 않고 다가간 청년의 용기도 대단했지만, 무력이 아닌 포옹이 한 사람의 분노를 잦아들게 한 사실이 더 놀라웠다. 그 순간만큼은 포옹이 무력보다 훨씬 강했다.

어쩌면 술 취한 남성의 거친 행동은 두려움에서 나왔는지도 모른다. 그리고 그 두려움은 온전히 그것을 받아 주는 사람으로 인해 치유될 수 있었을 것이다. 익숙한 우화 속 이야기처럼 나그네의 외투를 벗긴 건 차가운 바람이 아니라 따뜻한 햇살이었다. 우리도 상처와 두려움에도 불구하고, 타인과 연결되어 있을 때 잘 살아갈 수 있다.

나이가 들수록 바쁜 일상에 치이고 상처받은 기억이 쌓여 인간관계가 갈수록 협소해진다. 그래도 괜찮다. 마음을 회복하고 에너지를 채울 시간이 필요한 것뿐이다. 그 시간이 지나면 자연스럽게 다시 사람과 연결되는 시기가 온다. 내 안의 평온을 누군가와 나누고 싶고, 타인의 반응에 유연하게 대처하는 여유가 생기는 때가 오는 것이다. 그때 마음을 열고 다시 관계를 맺으면 충분하다. 누구나 혼자만으로 살아갈 수 없다는 사실만 잊지 않고 있으면 언제든 우리는 이어질 수 있다.

05

우울과 무기력으로부터
나를 지키는 세 가지 방법

다이어트를 결심하면 먹고 싶은 마음이 더 간절해진다. 빨리 자자고 되뇌기 시작하면 이상하게 잠이 더 오질 않는다. 이런 현상은 마음이 말을 듣지 않아서가 아니라, 오히려 지나치게 통제하려 할 때 나타난다. 하지 말아야 한다고 다짐할수록, 혹은 반드시 그래야 한다고 몰아붙일수록, 마음은 그 반대 방향으로 더 강하게 반응한다. 인간의 마음은 명령에 따르는 방식이 아니라, 위협이나 압박을 감지하면 자동적으로 긴장하고 저항하는 방식으로 작동하기 때문이다. 그래서 잘해 보고 싶은 마음이 클수록 정작 행동 앞에서 더 쉽게 멈춰 서고 좌절하게 된다.

　"오늘은 시험공부를 할 기분이 아니었어." "오늘은 우울해서 아무 데도 못 나갔어." 이런 말을 해 보았는가? 흔히 기분이 행동에 영향을 준다고 여긴다. 하지만 그런 방식이라면 계획은 늘 어그러질 것이다. 기분은 앞에서 설명한 대로 '내'가 통제하는 것이 아니라, 내 안에서 일어나는 자동적인 반응이기 때문이다. 따라서 기분 따라 행동한다는 것은 통제 불가능한 이런저런 일들에 영향을 받겠다는 뜻과 다름없다. 일상을 건강하게 꾸리고 목표를 이루기 위해서는 거기에 부합하는 행동을 잘 유지해야 한다. 하지만 계속해서 기분에 영향을 받는다면 어떨까. 특히 우울하고 무기력한 기분이 들 때, 정말 그 기분의 요구에 따라 아무 것도 하지 않으면 기분은 더욱 악화되기 마련이다.

행동이 먼저 나오는 시스템을 설계하라

　"기분이 좋지 않을 때 어떻게 푸나요?"라는 질문에 가수 겸 배우인 아이유는 설거지를 하든 택배 상자를 뜯든, 뭐라도 한다면서 꼭 움직여야 한다고 강조했다. 정확하다. 우울해서 밖에 나가기 싫을 때 기분이 나아지길 기다릴 수도 있지만, 그렇게 이불 속에 있다간 더 우울해지는 자신을 발견할 것이다. 그런데 어렵게라도 일단 집을 나서면 달라진 공기에 기분이 달라지고, 배가 고파져 맛있는 걸 찾게 되고, 저절로 에너지가 생기기도 한다. 이는 긍정적인 행동을 촉진해 우울증을 완화하도록 돕는 '행동 활성화 치료'의 접근법이기도 하다.

원시 시대나 농경 사회에 비하면 현대인은 움직이지 않고 멈추어 보내는 시간이 너무 길다. 사무실 책상에, 지하철과 버스에서 가만히 앉아 있으면 저절로 생각이 많아지는데, 대부분이 부정적인 것들이다. (인간의 생각은 저절로 부정적인 방향으로 기우는데, 늘 위협에 대비해야 했던 우리 조상들로부터 전달받은 기질이다.) 그런데 계속 몸을 움직이면 생각이 끼어들 틈이 줄어든다. 우리의 감각은 동시에 두 가지에 집중할 수 없기 때문이다. 그래서 생각보다 행동이 앞서면 불안은 감소한다.

그러면 어떻게 해야 행동이 앞서는 삶을 살아갈 수 있을까? 원하는 행동이 습관으로 정착된다면, 불안이 끼어들 틈 없이 움직일 수 있다. 다시 말해, 불안이 몸을 저지하기 전에 몸이 먼저 움직이는 구조를 만드는 것이다. 중요한 건 결심도, 의지도 아니다. 습관이 갖춰져야 의지력이나 기분에 기대지 않고 꾸준히 실천해 나가는 삶을 살 수 있다. 이를 위해 알아야 할 세 가지가 있다.

하나, 나는 나를 어떤 사람이라 여기는가

'올해부터 매일 꼭 운동해야지'라는 다짐이 작심삼일로 끝나 버린 경험이 많을 것이다. 그런데 어떤 사람은 애쓰지 않고도 아주 자연스럽게 매일 아침 운동을 하고 출근한다. 무슨 차이일까? 그건 의지가 아니라 정체성에서 비롯된다. 정체성이란 '나는 어떤 사람이다'라는 믿음이다. 사람은 자신이 믿는 대로 행동한다. 자신의 정체성에 부합하는 행동은 자연스럽게 나오지만, 그에 어긋나는 행동은 아무리 좋은 일이라 해도 심리적 저항이 생긴다. 마치 나답지 않은 일을 하는 것처럼 어색하게 느껴지는 것이다. 자신의 마음 깊은 곳에 새겨진 나에 대한 믿음, 나에 대한 감각은 무의식적으로 행동을 유도한다. 어떤 사람이 별다른 결심 없이도 꾸준히 한 방향으로 나아갈 수 있는 이유는 바로 이 정체성의 힘 때문이다.

예를 들어, 어린아이에게 자주 "넌 뭐든지 잘하는구나"라고 말해 준다면 아이는 '나는 뭐든지 잘할 수 있구나'라는 믿음을 갖게 된다. 그 믿음은 자신감과 적극성으로 이어져 실제 결과를 만들어 낼 것이다. 물론 시행착오나 좌절도 겪을 것이다. 하지만 자신의 힘을 믿는 사람은 '어떻게 하면 더 잘할 수 있을까?' 고민하며 여러 시도를 하는 반면, 스스로 '못하는 사람'이라 믿으면 '이것 봐, 역시 난 안돼' 하고 더 이상 시도하지 않게 된다. 따라서 당신이 원하는 행동을 습관으로 정착시키려면 정체성을 바꾸기를 권한다. '운동하자'가 아니라 '나는 운동을 좋아하는 사람이야'라고 되뇌어 보자. 시도가 한결 편안해질 것이다.

둘, 최대한 작게 만들기

물론 나에 대한 뿌리 깊은 믿음을 하루아침에 바꾸기는 쉽지 않다. '나는 게을러'라는 오랜 믿음을 '나는 성실해'라는 새로운 믿음으로 단번에 바꿀 수는 없는 노릇이다. 우리는 기계가 아니기 때문이다. 정체성은 선언이 아니라 경험을 통해 쌓이는 감각이다.

동기 부여 전문가 제임스 클리어는 저서 《아주 작은 습관의 힘》에서 정체성을 변화시키기 위해서는 작은 성공 경험의 반복이 필요하다고 말한다. 반복 가능한 구체적인 행동을 통해 '나는 이걸 해낸 사람이야'라는 기억이 쌓일 때, 정체성도 조금씩 바뀌기 시작한다.

작은 성공 경험을 어떻게 쌓으라는 말일까? 벽돌 100개를 옮겨야 한다고 상상해 보자. 눈앞에 쌓인 100개의 벽돌을 보면 의욕보다 피로가 먼저 밀려온다. '저걸 언제 다하지?'라는 마음만 든다. 난이도가 높아 보이면 하고 싶은 의욕이 생기지 않아 이런저런 핑계로 시간을 보내기 십상이다. 그러나 하루에 두 개씩만 옮기기로 한다면 어떨까? 난이도가 낮아져 해 볼 만해진다. 물론 100개 중에 두 개는 너무나 하찮아 보인다. 하지만 두 개씩 옮기다 보면 50일 뒤엔 어느새 그 일을 완수한 사람이 된다.

과업을 최대한 작게 만드는 것의 핵심은 심리적 허들을 낮추는 데 있다. 운동을 해야 한다는 생각은 부담스럽지만, '운동복만 갈아입자', '매트에만 누워 보자'는 다르다. '글을 써야 해'는 무겁게 느껴지지만 '노트북을 열어서 첫 줄만 써 보자'는 가볍다.

나는 작게 쪼개는 방법 중 하나로 '10분만 해 보기'를 추천한다. 운동이든, 외국어 공부든, 숙제든, 집안일이든, 그저 매일 10분만 하기로 정하는 것이다. '10분으로 뭘 하겠어?' 싶겠지만, 10분도 하지 않고 한두 달을 훌쩍 넘겨 버린 수많은 지난날을 떠올려 보라. 잘하려고 1년을 미루느니, 10분이라도 매일 반복해서 한 달을 보내는 편이 낫다. 그건 행동 자체를 넘어 스스로에 대한 새로운 정체성을 만들어 낸다. 그렇게 10분은 30분으로, 한 시간으로 늘어난다. 그러니 무엇이든 잘할 생각 말고 그냥 10분만 해 보길.

셋, 환경부터 바꾸라

그럼에도 10분조차 길게 느껴질 때가 있다. 그럴 땐 나를 움직이게 하는 환경의 힘이 필요하다. 미리 행동을 유도하는 구조를 세팅해 두는 것이다.

책을 읽겠다면 눈에 띄는 자리에 스마트폰이 아닌 책을 올려 두고, 운동을 시작하겠다면 운동복을 미리 꺼내 두고 운동화를 현관에 내놓으라. 미리 매트를 펼쳐 놓을 수도 있다. 하고 싶은 행동이 귀찮고 낯선 일이 아니라 그냥 눈앞에 있는 것이 되도록 만들자. 스마트폰이 손 닿는 곳에 있으면 쉽게 열어 보게 되고, 과자가 눈앞에 있으면 먹게 된다.

행동과학자 BJ 포그는 "행동은 동기, 능력, 그리고 자극이 만날 때 일어난다"라고 말했다. 그중 우리가 가장 쉽게 바꿀 수 있는 건 바로 자극, 즉 환경이다. 환경은 의지를 대신해 준다. 환경을 먼저 바꾸면, 행동은 자연스럽게 따라온다는 것을 기억하자.

친절하게, 꼭 친절하게

이 세 가지 방법보다 더 강조하고 싶은 것이 있다. 바로 '자신을 친절하게 대하는 습관'이다. 우리는 입시와 취업

등 수많은 경쟁을 거치며 자신을 혹독하게 대하는 데 익숙
해져 있다. 어제 다짐한 행동을 지키지 못하면 스스로를 한
심하게 여기고, 새해에 마음먹은 계획이 무너질 때면 "난
어차피 안돼"라는 체념으로 포기하곤 한다. 무기력함에 이
불 속에만 있는 자신을 또 얼마나 아프게 나무랐는가.

'그럼 그렇지.' '역시 난 안되는 사람이야.' 다른 사람과
비교하며 가장 잔인한 말을 던지는 것도 그 자신이다. 그
런 날들이 쌓여 나에 대한 믿음을 갉아먹는다는 것을 너무
잘 알고 있다. 나 또한 그런 날들을 수없이 겪었다.

필즈상 수상으로 잘 알려진 수학자 허준이 교수는 서울
대 졸업식 축사에서 "누구보다 자신이 자신에게 모질게
굴 수 있으니 마음 단단히 먹으라"고 했다. 그러면서 자신
에게 친절해지라는 말로 마무리했다. 정말 그렇다. 습관을
만든다는 건 단지 어떤 행동을 반복한다는 뜻이 아니다.
실패해도 괜찮다고 말해 주는 연습, 다시 시작할 수 있도
록 나를 다독이는 태도, 지치고 다 때려치우고 싶은 날에
도 따뜻하게 스스로 격려하는 그 마음이 있어야 비로소 10
분의 작은 행동이 어렵지 않게 된다. 매일 지속하는 힘은
자신을 친절하게 대하지 않으면 나올 수 없다. 그러니 꼭
친절해지라. 그 친절이 반복될 때 나는 나를 믿어 주는 사
람이 되어 있을 것이다.

06

불안해서 더 산만해지는
사람을 위한 몰입의 기술

부끄러운 고백이지만, 지금 이 자리에 앉아 첫 문장을 쓰기까지 여러 난관을 거쳤다. 스마트폰을 열어 보고, 이메일을 확인하고, 일과 관련 없는 기사나 영상을 보느라 시간이 훌쩍 지났다. 이렇게 산만한 나 자신을 겨우 겨우 이끌어 학위를 따고, 책을 여러 권 써 내고, 상담과 글쓰기 등 여러 일을 병행하고 있으니, 그저 놀라울 뿐이다.

산만한 정신을 잘 다독여서 하고자 하는 일에 집중하게 하는 것, 이것은 평생의 과제가 아닐까 싶다. 산만한 특성에도 불구하고 내가 하고 싶은 일들은 늘 오랜 시간 집중을 요구하는 것이었다. 그래서 집중력을 높이고자 오랫

동안 고민하고 책을 찾아보고 갖가지 방법을 써 왔다. 다행히 전문가들이 알려 주는 방법들은 언제나 효과가 있었고, 덕분에 나의 산만함이 불안감과도 관련이 있다는 사실을 알게 되었다. 불안감이 올라오면 한곳에 주의를 기울이지 못하고 산만해지기도 하지만, 반대로 주의가 산만하면 불안감이 더 가중되기도 한다. 불안하면 생각이 많아지고 온갖 상념에 이끌려 다니게 되는데, 그럴수록 불안감은 더 높아지는 것이다. 그래서 산만한 정신을 잘 다루는 능력은 곧 생각에 이끌려 가지 않는 힘이기도 하며, 차분한 마음을 유지하는 힘이기도 하다.

불안과 스마트폰이 소중한 집중력을 갉아먹는다

특히 몇 해 전부터 집중력 문제를 고민하는 이가 많아졌다. 돌아볼 필요도 없이 대표적인 원인은 스마트폰이다. 초 단위로 각종 앱을 옮겨 다니고, SNS의 짧은 글과 숏폼을 소비하다 보면 주의력이 한곳에 오래 머무르는 힘이 줄어든다. 뇌는 반복하는 쪽으로 더 강화되는 경향이 있어서, 스마트폰을 오래 사용할수록 집중력은 더 짧아질 수밖에 없다. 덕분에 마음은 안정되지 못하고 항상 조바심이 나고 산만하다. 에너지가 많이 쓰이니 쉽게 피로감을 느낀다. 〈워싱턴포스트〉 기자 브리짓 슐트는 저서 《타임 푸어》에 이렇게 썼다. "항상 전자 장비를 켜 놓고 살면 정신적으로 피로를 느낄 수밖에 없는데, 그런 느낌의 정중앙에는 '항상 대기 중'이어야 한다는 강박이 존재한다." 일을 할 때도, 소중한 사람들과 마주하고 있을 때도 왠지 모르게 스마트폰을 들여다봐야 할 것 같은 마음을 느낀 사람이라면 동의할 것이다.

집중이란 내 마음의 스포트라이트를 한곳에 오래 비추고 있는 것을 뜻한다. 그런데 우리 머릿속의 스포트라이트는 마치 고장 난 것처럼 여기저기를 정신없이 비춘다. 당연히 피곤하고, 마음이 평안할 리 없다.

이렇게 산만해지기 쉬운 환경에서 몰입하는 능력을 키우려면 어떻게 해야 할까. 산만함을 다스리는 방법은 무엇일까. 힌트는 이미 나와 있다. 스마트폰이 우리의 주의력을 잃게 만들었으니, 스마트폰이 갖는 특성의 반대로 주의력을 길들이면 되는 것이다. 스마트폰은 즉각적으로 반응하고 빠르게 전환하는 능력이 있다. 생각해 보라. 터치 한 번에 원하는 정보를 찾을 수 있고, 바로바로로 더 재밌거나 더 자극적인 것으로 전환할 수 있다. 그렇다면 반대로 시간이 오래 걸려 완수하는 작업을 하고, 의도적으로 즉각적인 반응이 오지 않는 행위를 하면 된다. 이를 적용해 두 가지 방법을 권한다.

계속 한곳으로 되돌아오는 연습

우선 규칙적으로 전자 기기와 단절되는 시간을 가져야 한다. 업무나 일상생활에서 전자 기기를 전혀 안 쓸 수 없으니, 규칙적으로 운동을 하듯 집중력을 위한 '주의력 운동 시간'을 가지는 것이다. 정해진 시간에는 스마트폰, 태블릿 PC가 시야에 들어오지 않도록 환경을 세팅한다. 그리고 내 주의력이 한 대상에 오래 머무르는 연습을 한다. 창밖의 나무도 좋고, 눈을 감고 들리는 소리도 좋다.

가장 추천할 만한 집중 대상은 자신의 호흡이다. 호흡은 계속 변화하는 데다가 내 안에 있는 것이기 때문에 언제든지 이용할 수 있다. 계속해서 변화하는 호흡은 그 자체로 생생한 '현재'다. 눈을 감고 내가 어떻게 숨을 쉬고 있는지를 느껴라. 들숨과 날숨의 반복에 주의를 가져다 놓고 그저 지켜보는 것이다. '내가 어떻게 숨을 쉬고 있었지?' 하는 호기심을 가지고 바라본다.

당연히 우리의 주의는 몇 초 지나지 않아 집중하고자 하는 대상에서 벗어나 버린다. '오늘 저녁 뭐 먹지?' '영수는 왜 내 카톡에 답을 안 하지?' '아, 치과 예약해야 되는데!' 이런 생각으로 빠져 버리거나, 바깥의 앰뷸런스 소리, 불쾌한 냄새, 괜스레 간지러운 무릎 등 다른 감각 자극에 주의를 빼앗기기도 한다. 당연하다. 주의력은 더 강한 자극에 이끌리게 되어 있다. 이미 뇌가 빠른 주의 전환에 익숙해져 있을수록 한곳에 머무르는 힘이 약해 더 빨리 방향을 틀어 버린다. 그런데 이때가 중요하다. 집중 대상에서 스포트라이트가 벗어나 버렸을 때 그 사실을 알아차리는 것이다. 알아차리지 않으면 계속 생각이나 다른 자극에 끌려가 버린다. 그런데 '아, 내가 벗어났구나' 하고 알아차리는 순간, 다시 집중 대상으로 돌아올 수가 있다. 다시 호흡에 주의를 기울이다 보면 분명히 또 얼마 가지 않아 옆길로 샐 것이다. 그래도 괜찮다. 다시 알아차리고 돌아오면 된다. 그 과정을 반복하는 것이 이 연습의 핵심이다. 정확히 말하자면 '계속 한곳으로 되돌아오는 연습'을 하는 것이다.

대부분 사람은 이 집중력 연습을 하다가 쉽게 포기하는데, 자꾸 집중 대상에서 주의가 벗어나 버리는 자신을 견디지 못하기 때문이다. 그런데 오래 집중하지 못하는 게 당연하다. 떠오르는 생각에 주의를 빼앗겨 버리는 건 너무나 자연스럽다. 그게 평소 우리의 모습이다.

다만 이 시간에는 다시 내가 집중하고자 하는 대상으로 돌아오는 것이 중요하다. 반항심에 걸핏하면 집을 나가는 자식을 받아 주는 부모의 마음으로, 너그럽게 수십 번이고 수백 번이고 내 주의력이 되돌아오도록 하면 된다. '왜 집구석에 붙어 있지를 못하니. 나가지 마라, 제발 좀!' 이런 식으로 자기 자신을 다그치면 더 쉽게 집을 나가 버린다. 너그럽게 내 스포트라이트를 호흡으로 데려오고 또 데려오면 된다. 그러면 점차 내 의식이 한곳에 머무르는 시간이 길어진다.

건강하고 즐거운 몰입을 경험할 것

두 번째 방법은 건강하고 즐거운 몰입 경험을 규칙적으로 해 보는 것이다. 숏폼을 넘기다 보면 나도 모르게 시간이 훌쩍 가 버린다. 뇌는 새로운 것을 좋아하는데, 그만큼 '새로움'이라는 자극이 크다는 뜻이다. (앞서 말했듯 주의는 더 큰 자극에 쉽게 끌려 간다.) 어린아이를 생각해 보면 이해가 쉽다. 아무리 비싼 장난감이 집에 있어도 500원짜리 새로운 장난감이 눈앞에 있으면, 그것에 관심을 빼앗기고 갖고 싶어 한다. 숏폼은 무한히 새로운 콘텐츠를 계속해서 볼 수 있다는 점에서 우리의 주의력을 홀랑 가져가 버릴 수밖에 없다. 게다가 콘텐츠의 내용이 어느 정도 재미를 주기에 빠져나오기 어렵다. 그렇다면 재미를 주면서도 내 주의력을 길게 유지할 수 있는 활동은 없을까?

재미가 없으면 오래 집중하는 것이 거의 고문처럼 느껴질 것이기에 자신에게 어느 정도 흥미를 주는 활동이어야 지속할 수 있다. 추천하는 활동은 책 읽기, 그림 그리기, 악기 연주 같은 예술 활동, 요가와 수영 같은 운동, 요리 등이다. 이 중 어느 하나라도 푹 빠져서 몰입해 본 이들은 시간이 얼마나 흘렀는지, 내가 누구인지 따위를 완전히 잊어버리게 되는 경험이 무엇인지 안다. 단순하게 의식을 한곳에 두는 집중 상태가 아닌 그 행위와 하나가 되어 버리는 경험 말이다.

몰입을 연구한 미국의 심리학자 미하이 칙센트미하이는 어떤 행위에 깊게 빠져들어서 시간의 흐름과 자아를 잊게 되는 상태를 두고 '플로우Flow'라고 이름 붙였다. 플로우 상태에서는 스트레스와 불안이 줄어들고, 만족감과 성취감은 저절로 높아진다. 그래서 칙센트미하이 박사는 플로우 상태를 자주 경험하는 사람들은 일상에서 더 많은 즐거움을 느끼고, 이는 행복감으로 이어진다고 말한다. 따라서 몰입을 경험하게 하는 활동을 규칙적으로 한다면 크게 노력하지 않아도 주의력을 한곳에 오래 머무르게 할 수 있다. 그러니 흥미가 생기는 일에 주기적으로 시간과 주의력을 투자해 보자. 특별하지 않은 평범한 활동이어도 상관없다. 몰입을 경험하며 집중력과 삶의 만족도를 함께 높여 보자.

애플의 창립자인 스티브 잡스는 정작 자녀들에겐 아이폰과 아이패드 사용을 권하지 않았다고 한다. 가뜩이나 산만함으로 고생한 나로서는 산만한 환경을 설계한 사람이 자녀들에게는 이렇게 했다니 그저 씁쓸할 뿐이다. 그렇다고 스마트폰 이전 시대로 돌아가기란 불가능하므로 내 정신의 스포트라이트가 메뚜기처럼 뛰어다니지 않도록 나 스스로 조절할 필요가 있다.

나는 상황이 허락할 때면 좋아하는 책을 한 권 들고 카페에 간다. 스마트폰은 가방 깊숙이에 모셔 둔다. 물론 책을 읽다가도 꺼내 보고 싶은 마음이 들고 불필요한 걱정거리에 집중이 끌려가지만 그래도 괜찮다. 내 마음이 마냥 배회하도록 그저 내버려두지만은 않을 것이며, 계속해서 내 마음을 돌보는 한 언제든지 차분한 마음을 되찾을 수 있다는 것을 알기에.

단순하고 가볍게 사는 사람이 결국 이긴다

이사를 제법 많이 다녔다. 대학생이 된 후로 기숙사, 하숙집, 자취방 등 끊임없이 이사를 다녔고, 결혼 후에도 몇 번 집을 옮겼다. 그때마다 짐 정리를 하면서 드는 생각이 있다. '언제 이렇게 짐이 많아졌지?' 버리고 정리하면서 살자고 다짐해 놓고, 이사 때면 또다시 깨닫는다. 알게 모르게 쌓아 놓으니 새로운 것을 들여놓을 공간이 부족했다. 당연히 집은 좁아진다.

마음도 그렇다. 우리는 생각보다 많은 것을 마음속에 쌓아 두며 산다. 고집스러운 생각들, 불편한 감정들을 흘러가도록 두지 못하고 붙잡은 채 오래 연연한다. 그러면 현재의 새로운 것이 들어갈 틈이 없다. 새로운 생각, 새로운 감정, 또 타인의 의견을 받아들일 공간이 없다. 그렇게 마음이 순환하지 못한다.

생각에 대한 집착은 지금, 여기를 보지 못하게 만든다. 아무리 아름다운 풍경 앞에 있어도 그것이 보이지 않고, 좋은 사람들과 함께 있어도 대화를 즐기지 못한다. 한 번쯤 경험했을 것이다. 걱정거리가 많아 친구의 말에 집중하지 못하고 생각에 빠져 있던 일, 쉬고 싶어서 떠난 여행에서 일 생각을 하느라 충분히 누리지 못했던 일.

또 내 고집으로 가득 차 있으면 나와 다른 의견을 받아들이지 못하기에 입체적인 시각을 갖지 못한다. 자연히 타인과 자주 갈등을 겪고 삶에 대한 만족도가 낮아진다. 비우지 못하는 사람들의 어쩔 수 없는 운명이다.

속이 좁은 사람들의 특징

자기주장만 고집하며 타협이 되지 않는 사람을 보고 흔히 '속이 좁다'라고 표현한다. 그런데 태생부터 마음이 넓거나 좁은 사람은 없다. 사실 간장 종지만 한 마음 때문에 가장 피곤한 사람은 그 당사자이지 않을까. 기왕이면 넓은 집에 살고 싶은 것처럼, 누구나 넓은 마음으로 살고 싶어 한다. 그러려면 집을 비우듯 마음도 적절히 비울 수 있어야 하는데, 어떻게 그럴 수 있을까?

첫째는 편안해야 한다. 예전에 1박 2일 여행을 가는데, 큰 캐리어에 배낭까지 꽉꽉 채워서 다녀왔다는 친구의 이야기를 들었다. 당연히 가방의 무게 때문에 이동이 고되었다고 했다. 그렇게 다녀와서 보니 태반이 쓰지 않은 물건이었다. 입지 않은 옷들을 다시 옷장에 넣으며 '난 왜 이럴까'라고 생각했단다. 평소에도 늘 봇짐장수처럼 크고 무거운 가방을 들고 다니는데, 막상 뭘 뺄까 생각하면 전부 필요할 것만 같아서 뺄 수가 없단다. 결국은 불안 때문에 비우지 못하는 것이다.

불안한 마음은 무엇도 놓아주지 않으려 한다. 불안하면 자꾸 모으고 소유하려고 든다. 편안해져야 비울 수 있다. 굳이 고집을 부리지 않아도 안전하고 평안하게 살 수 있다고 믿으면 붙잡고 있을 이유가 없다. 그렇다면 내 마음을 어떻게 편안하게 할 것인가. 각자가 지닌 불안의 사연이 모두 다르기에 자신 안에 있는 불안의 근원을 찾아내야 하는데, 이것이 곧 '자기 탐색'이자 '자기 이해'다. 뭐든 마찬가지겠지만, 넓은 마음으로 사는 일도 자신을 이해하는 것부터 시작해야 한다.

굳이 뭔가를 하려고 하지 말고
그저 지나가게만 두라

두 번째, 흘러가는 것을 흘러가도록 허용해야 한다. 사실 마음은 애쓰지 않아도 항상 흘러간다. 감정은 시시때때로 변하고, 생각도 달라진다. 외부로부터 새로운 자극이 들어와 내면이 영향을 받는 탓이다. 그런데 기존의 감정과 생각을 붙잡고 있으면 새로워질 기회를 놓쳐 버리고 만다. 그렇기 때문에 생각과 감정이 순환할 수 있도록 자신을 새로운 환경에 노출시키는 방법도 좋다.

부부 싸움을 한다고 가정해 보자. 분노에 사로잡혀 있을 때 휴지기를 가지고 잠깐이라도 바깥바람을 쐬면, 그 감정은 몇 단계쯤 낮아진다. 분노를 강화하는 상황에서 벗어나 내면을 환기했기 때문이다. 어떤 감정은 충분히 호흡하며 잠깐 시간을 가지는 것만으로도 충분히 양과 밀도가 낮아진다. 평소 격한 감정에 자주 가로막히는 사람이라면 잔잔한 감정부터 연습해 보도록 하자. 무언가를 애써서 하려고 하지 말고, 내 안에 느껴지는 것들을 관찰하고 가만히 바라보는 연습이다. 이처럼 감정이 순환하도록 새로운 환경에 노출시키는 것은 곧 나를 수용하는 마음 돌봄이기도 하다.

마음의 집을 넓게 쓰는 데에는 어린아이가 전문가다. 아이들은 아무것도 붙들고 있지 않아서 무엇이든 쏙쏙 흡수한다. 내적 공간이 넓다. 그리고 가볍다. 새 스케치북처럼 뭐든지 그려 넣을 수 있다. 화가 나서 씩씩거리다가도 달콤한 것을 맛보면 금세 미소를 짓는다. 쥐고 있는 게 많은 어른들만 무거운 마음을 이끌고 살아가는지도 모르겠다. 손에 꼭 쥔 그것들이 자신을 괴롭히고 있다는 사실도 모른 채.

그렇다면 내가 놓아주지 못하는 그 생각은 무엇인가. 내가 늘 붙잡게 되는 그 감정은 무엇인가. 과연 이것들을 쌓아 놓고 사는 것이 마음을 평온하게 해 주는가. 아직 많이 남은 살아갈 날들을 위해 나 자신에게 물어보자. 그리고 잘 흘려 보내는 습관을 만들어 보자.

마치 이사를 앞두고 집을 정리하듯 생각과 감정을 적절히 비워 내며 살아갈 수 있으면 좋겠다. 마음은 물리적인 집과는 달라서 한계 없이 넓어질지도 모를 일이다.